뇌박사가 가르치는
# 엄마의
# 영재육아

0세부터 6세까지 내 아이 영재두뇌 만들기

뇌박사가 가르치는
# 엄마의
# 영재육아

김영훈 지음

이다미디어

# 누구나 내 아이가
# 영재아이길 바란다

**⁝ 내 아이가 좋은 머리를 가지고 태어난다면 얼마나 좋을까?**

많은 부모들이 'SBS 영재발굴단'이라는 TV 프로그램을 보면서 다양한 영역에서의 영재아가 많다는 것에 놀라고, 한편 내 아이가 영재아이길 바라는 마음이 생긴 부모도 있을 것이다. 또한 영재아는 아니라도 내 아이가 좋은 머리를 가지고 태어났으면 얼마나 좋을까 라는 욕구도 있었을 것이다.

그러나 영재아가 된다는 것은 어느 날 한번 툭 경험하는 가벼운 일이 아니다. 그건 평생 아이의 인생에 영향을 미치는 사건이며, 부모에게도 특별한 일이다. 아이에게 영재라는 진단이 내려지면 많은 질문이 쏟아진다.

"이제부터 우리 아이는 어떻게 해야 하나요?"

"영재는 인생에 성공한다고 받아들여도 된다는 뜻인가요?"

"예체능의 재능이 영재급이면 세계적인 스타가 될 수 있나요?"

"영재교육을 어떻게 받아야 할까요?"

영재라는 딱지가 붙자마자 부모는 물론 어떤 아이들은 자신이 다른 사람이 되거나 새로운 차원의 존재라도 된 양 환상에 빠지기도 한다. 바뀐 것은 세상의 시선과 잣대일 뿐인데, 자신의 현재 모습에 필요 이상의 자부심을 갖고 의미를 부여하는 것이다.

또한 아이나 부모 할 것 없이 대부분이 과도할 정도로 흥분하고 자랑스러워한다. 객관적으로 이해는 하지만 영재아에 대한 이 같은 과잉 반응과 대응은 나중에 심각한 문제를 불러오기 때문에 신중한 태도를 유지하는 게 필요하다.

물론 영재라는 판정을 아무나 받는 것은 아니므로 충분히 기쁘고 뿌듯한 일이다. 단, 영재아가 되었다고 아이의 삶이 변하고 아이의 모든 것이 부모의 뜻대로 이루어질 것이라는 기대는 버리는 것이 좋다. 더구나 영재라고 해서 모든 것에 성공한다는 법도 없고 승승장구하는 인생이 펼쳐지는 것이 아니라는 준엄한 현실을 깨달아야 한다.

실제로 많은 영재아들은 일상에서 쉽게 자존감을 잃고 상처를 받는다. 사고 체계가 일반 아이들과 다르고, 스스로 뭐든지 할 수 있다고 느끼지만 스스로 어찌해야 할지 모르는 어려운 상황이 많이 생기기 때문이다.

더러 개중에는 이런 어려움을 극복하고 바람직한 모습으로 성장하는 행복한 영재도 있다. 그러나 영재아 대부분이 걸어가는 길은 여전히 험난하고 힘들다.

보통 부모는 아이의 미래를 나름대로 예상하고 꿈꾼다. 또한 아이가 자신의 자질을 발견하고 지적 자극을 받으면서 일하는 건강한 인재로 성장하기를 바랄 것이다. 하지만 아이를 키우고 교육하면서 부모가 많은 관심과 열정을 쏟았다고 해서 반드시 거기에 상응하는 결과가 온다는 터무니없는 기대는 금물이다.

실제로 영재아 가운데 3분의 1은 학업에 실패하고, 또 다른 3분의 1은 현실 적응에 어려움을 겪는다. 그러므로 부모는 아이가 영재 판정을 받더라도 아이를 통해 자신의 자아를 실현하고 싶다는 유혹에 빠지는 것을 가장 경계해야 한다.

부모 자신도 이루지 못한 것을 아이한테 이루라는 것은 헛된 욕심이라는 사실을 다시 강조하고 싶다.

더불어 많은 부모들은 육아에서 자신의 행동이 아이에게 어떤 영향을 끼치는지 끊임없이 돌아봐야 한다. 함께 살아가는 부모의 가치관, 인생관, 말과 행동 하나 하나가 아이들에게는 롤모델이 되기 때문이다.

평범한 아이는 물론 영재아로 인정받은 아이들도 일정하게 행동을 통제하는 훈련이 반드시 필요하다는 사실도 기억해두면 좋다.

## • 뇌의 용량은 6세까지 성인 수준의 90퍼센트가 완성

육아에서는 아이의 두뇌성격을 아는 것이 가장 중요하다고 해도 과언이 아니다. 영유아의 아이큐와 두뇌 발달의 연관 관계를 모르면 올바른 육아가 힘들다고 보기 때문이며, 아이들마다 처한 환경과 타고난 성격, 기질 등도 다르기 때문이다.

"영재아의 두뇌는 이미 정해져서 태어나는가?"
"부모의 육아와 교육에 따라 아이의 아이큐가 달라질 수 있는가?"
"6세까지 아이의 아이큐를 발달시킬 수 있는 적기 교육이 있는가?"

부모 대다수가 공통적으로 갖는 의문이다. 그렇다. 영유아기 아이의 두뇌는 무한한 가능성을 가지고 있다. 따라서 부모의 적극적이고 올바른 육아는 그 가능성을 향해 첫걸음을 내딛는 데서 출발한다고 보면 된다.

흔히 영재아의 뇌는 애초부터 다 완성되어 태어나거나 부모로부터 물려받는다고 생각하는데, 이 말도 일부는 맞고 일부는 틀리다고 할 수 있다. 아무리 좋은 유전자를 물려받은 경우라도 태어난 후의 육아가 잘못되면 그 아이는 영재로 성장할 수 없고 평범한 아이가 된다는 연구도 있다.

부모들이 명심해야 할 것은 6세 이하의 아이들이 배울 수 있고 배우는 모든 것을 과소평가하지 말아야 한다는 점이다. 특히 뇌의 용량은 6세까지 성인 수준의 90퍼센트가 완성되는데, 아이의 뇌는 각자 다르게 반영되는 환경과 경험의 영향을 받으면서 성장한다. 영유아기에 이렇게 만들어진 아이의 뇌는 이후 조금씩 변하기는 해도 평생을 좌우한다.

이 책은 꼭 영재아의 부모만을 위한 것이 아니다. 물론 내가 매스컴과 현장 솔루션을 통해 만난 영재아들의 사례를 통해 부모가 해야 할 역할이나 자세를 이야기하지만, 영재아들보다 더 많은, 평범하지만 여러 재능을 가진 아이들의 부모를 위한 책이다. 모든 아이의 뇌는 놀라울 정도로 발달하고, 또 아이들은 크면서 어떤 모습으로 바뀔지 모르기 때문이다.

이 책이 영재교육에 목말라하는 아이들의 부모는 물론 아이의 두뇌 발달에 관심이 큰 부모들에게 좋은 교육 나침반이 되기를 바란다. 마지막으로 이 책이 나오기까지 아이를 키운 소중한 경험으로 많은 도움을 준 아내 송미경과 이다미디어 박금희 이사에게 사랑과 고마움을 전한다.

가톨릭 의정부성모병원에서  김영훈

**목차**

들어가는 글

누구나 내 아이가 영재아이길 바란다 · · · · · · · · · · · · · · · · · · · · · · 005


**Chapter 1**

# 어떤 아이가 영재아인가?

아이의 아이큐는 선천적일까, 후천적일까? · · · · · · · · · · · · · · · 016

감정을 잘 다스리는 아이가 성적도 좋다 · · · · · · · · · · · · · · · · 021

무엇을 기준으로 영재아를 선발하는가? · · · · · · · · · · · · · · · · 027

초의식화와 뛰어난 메타인지는 영재아의 특징 · · · · · · · · · · · · 032

영재아는 새로운 것에 호기심이 강하다 · · · · · · · · · · · · · · · · 036

완벽증 강박관념에 시달리는 영재아들 · · · · · · · · · · · · · · · · 042

학교 공부를 못하는 영재아가 많다 · · · · · · · · · · · · · · · · · · · 048

**Chapter 2**

# 올바른 영재교육

어떤 아이에게 영재교육이 필요한가? · · · · · · · · · · · · · · · 056

영재아의 영재교육과 조기교육은 다르다 · · · · · · · · · · · 063

뇌 발달 단계에 맞는 영재아의 적기교육 · · · · · · · · · · · 068

아이의 창의력을 중시하는 미국의 영재교육 · · · · · · · · 073

부모의 동작을 따라 하는 영재아의 거울뉴런 · · · · · · · 079

아이의 오감 체험으로 창의력 키우기 · · · · · · · · · · · · · 083

**Chapter 3**

# 부모가 알아야 할 아이의 뇌

아이의 뇌는 3층으로 이루어져 있다 · · · · · · · · · · · · · · · 094

스킨십과 감정 교류로 전두엽이 발달한다 · · · · · · · · · · 100

아이의 오감 자극으로 절차기억을 키운다 · · · · · · · · · · 105

아이의 작업기억은 전두엽에서 통제한다 · · · · · · · · · · 109

**Chapter 4**

# 영유아기의 두뇌 발달

엄마의 두뇌태교로 영재아가 태어난다 · · · · · · · · · · · · · · 118

엄마의 목소리를 태아는 기억한다 · · · · · · · · · · · · · · · · 125

기억력이 좋으면 머리가 좋은 것일까? · · · · · · · · · · · · · 129

영유아의 두뇌 발달은 어떻게 이루어지는가? · · · · · · · · · 137

신생아의 오감 발달은 생후 1년까지 결정된다 · · · · · · · · · 145

좌뇌와 우뇌의 통합으로 감정의 뇌가 작동한다 · · · · · · · · 154

경험 기대적 발달과 경험 의존적 발달의 차이 · · · · · · · · · 159

컴퓨터 게임이 아이의 뇌를 망친다 · · · · · · · · · · · · · · · 164

**Chapter 5**

# 언어 영재아를 위한 영재교육

영유아기의 뇌가 언어 발달을 결정한다 · · · · · · · · · · · · · 174

수다쟁이 부모가 말 잘하는 아이로 키운다 · · · · · · · · · · · 180

아이의 읽기 능력이 영재아를 만든다 · · · · · · · · · · · · · · 185

신생아부터 12개월까지 그림책 읽어주기 · · · · · · · · · · · · 191

집중력을 키우는 데는 책 읽기가 왕도이다 · · · · · · · · · · · 197

말 잘하는 영재가 글쓰기를 못하는 이유 · · · · · · · · · · · · 202

뇌과학이 밝히는 외국어 교육의 비결 · · · · · · · · · · · · · · 206

아이 뇌는 6~7세지 언어 능력이 완성 · · · · · · · · · · · · · 214

난독증 아이는 영재아가 되지 못한다? · · · · · · · · · · · · · 217

## Chapter 6
# 수학 영재아를 위한 영재교육

어릴 때부터 남다른 수학 영재아의 특징 · · · · · · · · · · · · · · · 226

수학 영재아는 직관으로 문제를 푼다 · · · · · · · · · · · · · · · · 235

언어 능력까지 뛰어난 수학 영재아가 많다 · · · · · · · · · · · · · 240

9세에 학사 학위 받은 벨기에의 수학 영재아 · · · · · · · · · · · · 245

## Chapter 7
# 예체능 영재아를 위한 영재교육

재능을 타고난 아이도 적기교육이 중요하다 · · · · · · · · · · · · · 254

예체능 분야에서는 1만 시간의 축적이 필수 · · · · · · · · · · · · 261

아기에게 운동은 전인적 발달의 첫걸음 · · · · · · · · · · · · · · 265

아기의 뇌 발달에는 어떤 운동이 좋은가? · · · · · · · · · · · · · 270

예체능 영재아의 탁월한 우뇌 직관력 · · · · · · · · · · · · · · · 274

**Chapter 1**

# 어떤 아이가 영재아인가?

# 01 아이의 아이큐는
선천적일까, 후천적일까?

**⦂ 아이큐를 결정하는 열쇠는 뉴런과 뉴런을 잇는 연결고리인 시냅스**

아이를 키우는 부모들을 상대로 높은 시청률을 자랑했던 영재 발굴 프로그램 'SBS 영재발굴단'의 자문을 맡았을 때, 나는 이 프로그램을 통해 감탄이 절로 나오는 여러 가지 유형의 영재아를 많이 만났다.

무엇이든 모두 암기해버리는 12세의 기억력 영재 L군을 만났고, 그림을 전혀 배우지 않았음에도 전문적인 화가들도 잘 택하지 않는 주제로 그림을 자유자재로 그리는 영재를 만났고, 가야금 영재인 P양 자매를 만났다. 또한 어떤 암산도 전혀 거침이 없는 아이, 무한대로 이어지는 원주율을 소수점 이하 340자리까지 외우는 아이, 5개

국어에 능통한 아이, 세상의 모든 종류 엘리베이터를 꿰고 있는 아이도 만났다. 모두 아주 똘똘하고 남다른 영재성을 가진 아이들이었다.

하지만 이 아이들이 앞으로도 이런 영재성을 잘 살려서 꽃길만 걸을지, 생각보다 험난한 길을 걸을지, 눈앞의 인생이 어떻게 펼쳐질지는 아무도 모른다. 영재아로 판명이 나는 그 순간보다 그때부터 힘을 기울여야 할 적기의 영재교육과 성장이 매우 중요하고, 또 그에 따른 교육의 결과도 완전히 다르기 때문이다. 그리고 솔루션의 효과도 아이들마다 각각 다를 것이고, 아이가 어떻게 받아들이면서 자랄지를 예측하기도 힘들다.

한편 당시에 나는 이렇게 영재성이 보이는 아이들에게 여러 가지 아이큐 검사와 면담을 했는데, 영재아로 판명된 아이들은 대부분 언어인식 영역과 작업기억 영역에서 일반 아이들과는 다른 결과를 보였다. 뇌신경학적으로 판단해보면 영재아는 언어인식 영역이나 작업기억을 담당하는 뇌와 배경 지식을 담당하는 뇌의 시냅스가 고밀도로 증가되어 있었다.

사람의 아이큐를 결정하는 열쇠는 뉴런(신경세포, 네트워크를 형성하여 정보를 처리하고 저장한다)과 뉴런을 잇는 연결고리인 시냅스에 달려 있다는 것은 과학적으로 증명된 사실이다. 부언하자면 뇌의 신경세포인 뉴런 하나하나가 각각 1만에서 10만 개의 시냅스를 가지고 있는데, 뉴런을 통해 전해오는 전기신호가 신경전달물질의 전달을 촉진하고 다른 뉴런의 수상돌기를 자극한다. 때문에 시냅스가 치밀하게 만들어져 효율적으로 활동할수록 두뇌 발달이 좋다고 말한다.

또한 영재아는 외측전전두엽피질(이마의 앞쪽 양옆에 위치하며 감정을 통제한다), 전대상피질(관자놀이 근처 뇌 속에 C자 모양으로 위치하며 의지력을 관장한다), 후두정엽피질(정수리 뒤쪽에 위치하며 시각 정보를 처리한다)의 활동이 평범한 아이들에 비해 높게 나타난다. 좌뇌측두엽(왼쪽 뇌의 옆에 위치하며 기억력과 언어를 담당한다)이 두꺼울수록 영재아일 가능성이 크다는 조사 발표도 있다.

여기에 더불어 신경전달물질 중에서 기쁨과 의욕, 쾌감, 집중력, 감정 반응에 관여하는 도파민이 동기를 유발하고 집중하게 하는데, 도파민의 농도도 영재아는 평범한 아이에 비해 높다. 역으로 ADHD(주의력결핍 과잉행동장애) 아이들은 도파민의 농도가 낮게 나타난다. 결국 영재아의 뇌는 평범한 아이들의 뇌와는 다르다는 것을 암시한다.

## ⦂ 일란성 쌍둥이들까지도 출생 후 환경과 교육에 따라 아이큐 변화

일반적으로 머리가 좋고 나쁜 것은 유전한다고 알려져 있다. 부모와 자녀의 아이큐를 비교해 보면 예외가 나오기도 하지만, 대체로 자녀의 아이큐는 부모의 아이큐를 닮는 경향이 있다. 특히 언어 발달의 약 60퍼센트와 공간 지각의 약 50퍼센트는 유전된다고 알려져 있다. 그러나 아이큐가 유전으로만 모두 결정된다고 단정할 수 있는 것도 아니다.

부모의 아이큐가 아무리 높아도 평범한 아이가 태어나는 경우는 많다. 또한 매우 평범한 부모임에도 불구하고 아이큐가 높은 아이가 태어나기도 한다. 물론 아무리 높은 아이큐를 가진 아이가 태어나도 주변 환경이 뒷받침되지 않으면 타고난 영재성이 빛을 발할 수 없다.

심지어 아이큐가 높고 타고난 영재라는 사실조차 모르고 넘어가는 경우도 많다. 특히 저소득층이나 사회의 사각지대에 사는 계층이라면 이렇게 아이의 영재성을 모른 채 넘어갈 확률이 높을 수 있다.

때문에 부모는 아이가 어느 정도 자랄 때까지 잘 지켜보고 여러 가지 경험을 할 기회도 많이 주도록 노력해야 한다.

유전과 환경 어느 쪽이 더 아이큐에 영향을 주는지에 대해서는 여러 논란이 있다. 하지만 아이큐와 연관된 유전자가 임신 당시의 상황, 출생 후의 환경 및 교육과 상호작용을 한다는 것은 분명하다.

일란성 쌍둥이에게 아이큐 검사를 해보면 아이큐 차이는 평균 6에 불과하고 10 이상 차이가 나는 경우는 거의 없다. 하지만 이란성 쌍둥이나 일반 형제는 아이큐의 차이가 평균 10에 가깝고 더러 30 이상의 큰 차이를 나타내기도 한다. 또한 일란성 쌍둥이라도 태어나자마자 따로 살아온 경우에는 아이큐의 차이가 평균 8.2라고 보고

되었다.

이처럼 거의 같은 시간에 태어나는 쌍둥이들까지도 출생 후 환경과 교육에 따라 아이큐는 변할 수 있다. 아이큐는 부모의 교육 수준과 경제적 여건, 아이가 다니는 학교의 수준, 특별교육 프로그램 적용 여부에 따라서도 달라질 수 있다. 성장하는 동안에도 변화에 영향을 미칠 만한 요소가 도처에 널려 있다고 볼 수 있다.

출생 전 태내 환경이 유전자 못지않게 아이큐에 큰 영향을 미친다고 주장하는 연구도 나와 있다. 피츠버그 대학교의 연구팀은 인간의 아이큐를 결정하는 요소 중 유전자의 역할은 48퍼센트에 불과하다고 한다. 충분한 태내 영양 공급과 유해 물질 차단, 임신부의 편안한 마음 등 지금까지 발달 전문가들이 강조해왔던 전통적인 요인들이 유전적 요소와 맞먹거나 더 큰 영향을 미친다는 것이다.

그래서 영재는 선천적인 요인이 결정적인 영향을 미친다고 해도 후천적인 요소로 많이 바뀔 수도 있다는 사실을 염두에 두어야 한다.

# 감정을 잘 다스리는 아이가
성적도 좋다

**02**

**: 부모가 함부로 아이의 영재성을 과대평가하면 위험하다**

이른바 교육으로 만들어진 영재라고 유추할 수 있는 한 아이가 있었다. 그 아이의 아버지는 평범한 초등학교 교사였는데, 어느 날 4세 아들이 빨래를 개고 있는 엄마 옆에 앉아 수건에 써진 글자를 읽는 모습을 보게 되었다.

그저 평범한 일상생활에서 조금 특별한 일이 일어났을 뿐인데, 전혀 가르치지 않은 글자를 척척 읽어내는 아이를 보고 부모는 아주 흥분하게 되었으리라. 그래서 그 부모는 그날부터 아이를 직접 가르치고 체크하면서 홈스쿨링으로 선행학습을 했다. 이 과정을 아이가 중학교 2학년이 될 때까지 했다고 한다.

아이는 언제나 전교 1등을 놓치지 않았고, 부모는 아이가 승승장구하면서 장래도 빛날 것만 기대했다. 그러나 부모의 기대와 달리 사춘기에 접어든 아이는 중학교 2학년을 기점으로 성적이 떨어지기 시작했다. 격분한 아버지는 급기야 아이를 자퇴시키고 선행학습에 올인했다. 검정고시를 통해서 아이를 세상에 화려하게 부활시키겠다는 계획이었던 것이다.

하지만 그 아이는 부모의 열성과 기대에 부응하지 못하고 결국 조현병에 걸려 18세에 삶을 마감하고 말았다. 이 사건은 아이가 어린 나이에 무엇인가를 조금 더 잘한다는 사실 자체로 부모가 함부로 영재성을 과대평가하면 위험하다는 것을 말해준다.

어쩌면 '열 살에 신동, 열다섯 살에 재자(才子), 스무 살이 넘으면 그저 범인(凡人)일 뿐'이라는 일본의 속담처럼 어렸을 때 천재, 영재로 불리다가 어른이 되면서 보통 사람으로 돌아가는 경우는 비일비재하다. 그만큼 영재는 태어나기도 힘들지만 성인이 되기까지 영재성을 유지하기는 더 어렵다는 소리이다.

**: 아이큐는 물론 과제 집착력과 창의성이 남달라야 한다**

현재 우리나라에서는 영재교육을 거론할 때 미국 코네티컷 대학교의 석좌교수인 조셉 렌줄리(Joseph Renzulli) 박사의 '영재성의 세 고리 모형(Three ring model of giftedness)' 이론을 가장 많이 이야기한다.

렌줄리 박사는 1970년대에 '영재성의 세 고리'라는 개념을 발표해 큰 주목을 받으면서 기존의 영재성 기준에 새로운 바람을 불러일으켰다. 그때까지 영재아에 대한 기준은 '평균 이상의 뛰어난 아이큐' 하나뿐이었기 때문이다.

즉, 뛰어난 아이큐를 가지고 있으면 무조건 영재아라고 여겼던 시절에 그가 제시한 세 고리 모형은 교육계에 놀라움을 안겨주었다. 그는 발표를 통해 영재아라면 뛰어난 아이큐는 물론 과제 집착력과 창의성이 남달라야 한다는 주장을 내놓았다.

또한 그는 '아이큐, 과제 집착력, 창의성이 각각 상위 15퍼센트 안에 들고, 거기에서 더 세밀하게 들어가 한 분야에서라도 상위 2퍼센트 안에 들어야 영재아'라는 이론을 주장했다. 이 이론은 여러 교육학자들에게 의문을 불러일으키기보다는 가장 설득력 있는 이론으로 받아들여졌다.

한편 렌줄리 박사뿐 아니라 다른 학자들도 영재아 기준을 다양하게 제시했다. 그러나 영재교육에 관해서는 렌줄리 박사의 이론에 기초해서 영재를 선발하고 교육하는 나라가 많다. 어떤 면에서는 그의 이론이 영재아의 다면적 평가에 가장 유용하기 때문일 수도 있다.

아인슈타인은 어느 기자회견에서 누군가 음속에 대해 질문하자 "나는 책을 찾아서 알 수 있는 정보는 기억하지 않습니다"라고 답했다고 한다. 다독으로 외운 지식이나 검색으로 알 수 있는 정보를 많이 아는 것이 영재아는 아니라는 방증이다. 그래서 아인슈타인은 어느 누구도 생각하고 상상할 수 없는 여러 가지 과학 이론을 발견해 인류의 발전에 기여한 것이 아니겠는가?

그렇다면 영재아는 어떻게 탄생하는 것일까? 영재아를 판단하는 데 매우 중요한 기준은 앞으로 살면서 뛰어난 성취를 이룰 가능성이 있을지 없을지를 구별하는 일이라고 할 수 있다. 아이큐는 유전적으로 좋은 경우가 있지만, 창의성이나 과제에 대한 집착력은 교육으로 키울 여지가 매우 많기 때문에 미래의 가능성이 보이는지 아닌지가 관건인 셈이다.


### ● 칼 비테는 영재아를 길러내는 데 부모 역할의 중요성을 강조

"아이들은 저마다 서로 다른 재능을 타고난다. 만일 모두가 똑같은 교육을 받는다면 단지 타고난 재능에 따라 운명이 바뀔 것이다. 하지만 현실은 그렇지 않다."

영재교육의 아버지라고 불리며 세계적으로 유명해진 독일의 칼 비테(Karl Witte)는 이런 말로 영재는 타고나는 것이 아니라 만들어지는 것이라고 주장했다.

그는 영재교육을 몸소 실천해서 아들을 영재로 만든 당사자로서 영재아를 길러내는 데 부모의 역할을 매우 강조하고 있다. 그의 주장은 아무리 뛰어난 재능을 가지고 태어난 아이라고 해도 부모가 그 시기를 놓치고 영재의 소양을 키워주지 못한다면 타고난 재능조차 발휘할 수 없다는 것이다.

또한 아이의 두뇌코칭으로 유명한 미국 조지워싱턴 대학교의 존 메디나(John Medina) 박사도 "감수성이 있고, 행복하며 똑똑한 아이를 만들기 위해서는 생후 5세까지의 두뇌코칭이 가장 중요하다"라고 주장했다. 그는 훌륭한 코칭을 하기 위해 부모는 자녀에게 늘 공감하되 규칙을 명확하고 엄격하게 정하고, 아이가 이런 규칙을 지키지 않을 때는 일관된 처벌과 보상을 하라고 말한다. 그렇게 부모의 일관된 원칙이 명확해야 아이 스스로 감정을 다스릴 수 있다는 것이다.

메디나 박사는 여러 가지 과학적인 실험과 데이터를 통해 감정을 잘 다스리는 아이가 커서도 좋은 학업 성적을 받을 가능성이 높다고도 했다. 그래서 부모들은 아이가 5세가 될 때까지는 감정이라는 것을 소중하게 여기고 관리하는 데 초점을 맞춰서 교육하는 게 중요하다고 했다.

이런 전문가들의 말에서도 증명되듯이 영재아는 애초부터 정해져서 태어나거나 아이가 혼자서 저절로 영재아가 되지는 않는다. '성취할 가능성이 높은 아이'는 대부분 알맞은 시기에 부모의 적절한 교육으로 잠재력과 재능을 더 키울 수 있다. 또한 타인에게 공감하고 타인을 존중할 줄 아는 자세도 부모가 이 시기에 신경 써서 가르쳐야 한다.

영재성이 오로지 높은 학업 성취 효과로만 나타나는 것도 아니고, 오히려 감정을 조절하고 절제하는 자세가 영재성을 꽃피우는 데 중요한 역할을 하기 때문이다.

# 무엇을 기준으로 영재아를 선발하는가?

**03**

● 영재아에 대한 개념과 판별 방법도 학자마다 주장이 제각각

　중국 당나라 현종 때 신동으로 알려진 유안(劉晏)은 일곱 살에 과거 급제를 했던 아이이다. 유안이 얼마나 영특했던지, 현종이 가장 사랑했다는 양귀비는 자신의 무릎에 유안을 앉혀놓고 얼굴 화장놀이를 하며 거의 병적으로 예뻐했다고 전해진다. 더불어 이런 신동을 둔 유안의 가문은 엄청난 위세를 부리며 세상의 영화와 부를 마음껏 누릴 수 있었다.

　그래서 당시의 동자과(童子科, 영재아카데미)는 '양귀비의 무릎에 앉으러 가는 길'이라고 불렸을 정도이고, 자신의 아들을 동자과에 집어넣기 위한 부모들의 극성이 하늘을 찔렀다고 알려져 있다.

이런 극성을 틈타 그 당시에는 아이가 다섯 살만 되면 재능이 보이는 아이를 뽑아 새장에 가두어두고, 그 어려운 사서삼경(四書三經)을 읽게 했던 유명한 스승도 있었다고 한다. 그러나 나라 전체에 영재아 열풍이 너무 심해지자 당나라는 동자과를 폐지해버렸다.

영재아에 대한 수많은 부모들의 열망은 오랜 시간이 흐른 지금도 교육 제도와 방법만 달라졌을 뿐 여전히 이어지고 있다. 자식의 머리가 좋기를 바라는 부모의 마음은 동서고금을 막론하고 어디나 똑같다는 방증이다.

어릴수록 모든 것을 스펀지처럼 잘 빨아들인다는 소리도 있고, 실제로 뛰어난 아이들이 그런 전철을 밟았다는 이야기도 있다.

그뿐인가? 조기교육을 내세운 기관들이 온갖 상술로 기승을 부리고 있다. 심지어 불임 부부들을 상대로 여성의 난자와 남성의 정자를 파는 회사에서는 아이큐가 높은 남녀의 정자와 난자 값을 2배나 비싸게 받는다는 외국의 이야기도 전해진다.

맹자는 인생삼락(人生三樂) 중 하나가 천하의 영재를 얻어 교육하는 것이라고도 했다. 그 자신이 영재였기에 그런 영재를 발굴해서 훌륭한 인재로 길러내는 일이 인생에서 매우 보람 있는 일이라고 한 것이다.

하지만 영재아로 태어난 사실도 모른 채, 영재교육을 따로 받은 적이 없는데도 세계 최고의 천재 과학자로 살다 간 아인슈타인 같은 경우에는 영재를 교육한다거나 하는 일에 관심이 전혀 없었다.

그저 자신에게 주어진 삶을 허투루 살지 않고 매우 알차고 즐겁게 생활한 전형적인 영재였다. 특히 과학 쪽의 공부를 더 재미있어한 영재였다고 해야 할 것이다.

물론 아무나 아인슈타인이 될 수는 없고, 또 실제로 그런 일이 일어난다는 것은 꿈과 같은 일이다. 그러나 내 아이가 다른 집 아이보다 말을 조금 더 빨리 익히거나 어휘가 더 풍부하게 보인다면, 그리고 뭔가를 조금만 가르쳐도 척척 이해가 빠르다면 어떤 부모라도 '혹시 내 아이가 영재아가 아닐까?'라는 즐거운 고민에 빠질 수는 있다.

일반적인 부모의 기대나 욕심과는 달리 아직까지도 영재아에 대한 개념은 매우 모호하다. 영재아에 대해 관심이 높고 영재교육이 범람하다시피 해도 영재아는 선천적으로 타고나는지 후천적으로 길러지는지조차 모르는 사람이 태반이다. 즉, 영재아에 대한 개념과 판별 방법이 제각각인 데다 학자마다 주장이 달라서 누구도 영재아를 쉽게 단정하지 못하는 실정이다.

다만 영재교육에 대한 사람들의 인식이 많이 바뀌고 있는 요즘, 태어날 때부터 타고난 영재아보다는 사회적으로 올바른 인재로 키우는 후천적인 영재교육에 좀 더 관심이 집중되는 추세이다. 영재교육 붐이 본격적으로 일기 전인 10여 년 전만 해도 영재아는 아무나 될 수도 없는 먼 존재였다가, 최근에는 교육만 잘 받으면 영재의 길을 걸을 수 있다는 인식이 자리 잡은 것이다.

## : '학업 성적이 뛰어난 영재아'와 '창의력이 남다른 영재아'

현재 우리나라의 영재교육진흥법 제2조를 보면 영재아는 '재능이 뛰어난 사람으로서 타고난 잠재력을 계발하기 위해 특별한 교육을 필요로 하는 자'라고 명시되어 있다. 그렇다면 특별한 교육을 필요로 하는 영재가 현재 우리나라에는 어느 정도 있을까?

우리나라의 영재교육은 영재학원 등의 사교육을 통해 시작하다가, 교육청의 영재원을 거쳐 영재원 출신이라는 타이틀을 단 후 대학교 부설 영재원이나 과학고를 가는 것이 일반적인 영재 코스로 인정되는 실정이다. 그리고 이렇게 사교육으로 시작하는 영재교육은 어려운 집안의 아이들에게는 그림의 떡이요, 교육 기회가 차단된 코스이기도 하다. 하지만 이것이 지금 우리 앞에 펼쳐지고 있는 영재교육의 현실이다.

영재교육종합데이터베이스에 따르면 현재 우리나라의 영재교육 기관은 2018년을 기준으로 2,449곳이며, 영재교육을 받고 있는 대상자는 10만 6,138명이다. 이 수치는 전국 초·중·고교생의 1.9퍼센트에 해당한다. 우리가 통념처럼 생각하는 영재아는 대부분 '어느 학교의 수석' 하는 식으로 공부를 뛰어나게 잘하는 경우가 가장 흔하다. 그런데 공부 말고 대체 어떤 기준과 무엇을 잣대로 영재아임을 증명하는가에 대한 의문을 갖는 사람들도 많다.

영재의 기준과 범위는 어느 나라에서도 공부에만 국한하지 않는다. 영재성이 나타나는 나이가 딱 정해진 것도 아니고, 공부가 아닌 다른 분야에서 뛰어난 재능을 가진 영재아도 많기 때문이다. 현재 우리나라에서 영재아를 뽑는 분야는 수학, 과학, 수과학 융합과 발명, 정보, 외국어, 음악, 미술, 체육, 인문, 기타 등 10여 개로 다양해졌다.

일반적으로 영재아는 '학업 성적이 뛰어난 영재아'와 '창의력이 남다른 영재아'로 나눌 수 있다. 다만 우리나라는 유독 암기력과 이해력 위주의 훈련에 집중함으로써 '학업 성적이 뛰어난 영재'를 우선시하고 키우고 있을 뿐이다.

우리나라는 안타깝게도 영재아의 목표가 단편적인 면이 있고, 또 장래를 멀리 내다보고 키우는 커리큘럼도 풍부하지 못한 편이다. 그래서 어려서부터 남다른 재능을 가진 영재로 뽑혀 교육을 받다가도 무슨 영문인지 모른 채 자신의 부족함만 실감하며 도태되는 사례가 너무나 많다. 영재아로 성장하지 못하고 자신에 대한 실망과 상처가 커서 오히려 영재아로 뽑히기 전보다 못한 아이로 변하는 경우도 있다.

분명한 사실은 현재의 영재교육 시스템에서는 영재아로 선발되기도 어렵지만, 끝까지 살아남아 자신이 재능을 가진 분야에서 최고의 인재로 성장하기도 결코 쉬운 일이 아니라는 것이다.

## 초의식화와 뛰어난 메타인지는 영재아의 특징

**04**

**: 초의식화란 뇌가 외부의 정보를 연속적으로 처리하는 상태**

영재아 대부분은 어떤 분야라도 초의식화에 강하다. 초의식화란 과도하고 예민한 감각의 결과로, 뇌가 외부에서 들어오는 정보를 연속적으로 처리하게 되는 상태인데, 영재아는 모든 것을 보고 듣고 탐지하는 능력이 뛰어나다고 보면 된다.

주위에 있는 지극히 사소한 조각이나 남들은 모르는 매우 작은 단서에도 주의를 기울일 정도로 세밀하고 과민하다.

또한 영재아는 어떤 물건의 색깔, 상대방의 자세, 방에서 풍기는 희미한 냄새는 물론 사람의 음성이나 말투, 그림자와 어우러진 빛에 이르기까지 모든 정보를 흡수한다.

따라서 일반적으로는 아무것도 아닌 것이 영재아에게는 핵심적인 것이 될 수 있다.

사람들은 영재아의 어떤 생각이나 반응, 행동을 보고 깜짝 놀랄 때가 있는데, 그것이 보통 사람들이 보기에는 엉뚱하고 부적절한 반응일 수 있기 때문이다. 그래서 영재아는 사람들이 자신을 어떻게 생각하고 있는지를 아주 중요하게 받아들이기도 한다.

영재아는 자신이 할 줄 모른다고, 혹은 할 줄 모를 거라고 믿어 의심치 않는, 자신에 대한 부정적인 메타인지(metacognition, 자기 인식에 대한 스스로의 생각, 즉 자신의 사고 과정을 알고 문제를 해결하거나 조절하는 것, 감정 조절, 자기 조절력, 배려심, 인내심, 사회성을 뜻한다)를 가질 때 어려움을 겪는다.

설령 자신에게 실제로 문제 해결력이 있다 하더라도, 이렇게 부정적인 메타인지를 가지게 되면 사고의 기능이 떨어지고 때로는 완전히 마비되기도 한다. 그만큼 영재아들의 메타인지는 예민하고 뛰어나다.

한편 부정적인 메타인지는 아이가 자신의 능력에 대해 갖고 있는 신뢰, 즉 자신감을 스스로 공격한다. 이러한 자기 비하로 인지 기능과 잠재력의 발현에 어려움을 겪기도 한다. 때문에 이런 부정적인 메타인지를 극복하지 못하면 영재아는 인지 과정의 왜곡과 학습 부진을 경험하게 된다.

역으로 긍정적인 메타인지를 잘 키운 영재아는 공부도 더 잘한다.

## ● 영재아의 긍정적인 메타인지 형성은 아주 중요하다

따라서 어릴 때부터 지식을 쌓기 위해 아이가 선택하고 행동하는 방식을 스스로 의식하게 하고 자신 있게 실행하도록 도와주어야 한다.

"너는 그것을 어떻게 알았니?"

우선 이런 기본적인 질문을 아이한테 끊임없이 해야 한다. 그러면 아이는 점차 자신의 인지 과정에 대해 생각해보게 된다. 그것이 비록 다른 아이들의 방식과 다르다고 해도 자신이 어떻게 사고하는지를 알 수 있게 되는 것이다. 자신의 사고방식을 남들에게 좀 더 쉽게 전달할 수 있도록 여러 가지로 생각하게 하는 훈련도 필요하다. 자신이 어떻게 사고하는지 잘 알아야 남들의 사고방식도 이해할 수 있다는 사실을 깨닫기 때문이다.

특히 영재아가 사춘기에 접어들면 자신이 왜 다른 아이들과 다른지에 대해 더 고민하고 좌절하기도 한다. 이때에 대비해서라도 아이의 긍정적인 메타인지 형성은 아주 중요하다.

물론 긍정적인 메타인지도 부모나 아이가 마음먹는다고 그대로 잘 형성되는 일이 아니다. 다만 영재아들의 경우, 스스로 다른 아이들과 좀 다르다는 사실을 자각하고, 다른 아이들과 어울리기 위해 여러 가지 노력과 시도를 하면 긍정적인 메타인지를 형성하는 데 도움이 되고 힘이 된다는 것이다. 특히 영재아들은 긍정적인 메타인지가 뛰어나기 때문이다.

만일 영재아가 많은 노력에도 불구하고 다른 아이들에게 배척당하거나, 그 무리에서 인정받지 못한 채 부정적인 메타인지까지 있다면 좌절이 더 커지고 상처도 많이 받게 된다.

'나는 아무 가치도 없어. 나는 사랑받을 자격이 없어. 나는 아무것도 해낼 수 없을 거야'와 같은 극도로 부정적인 자기인식이 더 크게 자리 잡게 되는 것이다.

더러는 자신이 다른 아이들과 전혀 다르다는 것을 느끼지 못하고 그런 생각을 하지 않는 영재아들도 있다. 그러나 이런 성향의 영재아도 부정적인 메타인지를 가진 영재아처럼 다른 사람들 틈에 끼지 못하고 쉽게 상처를 받을 수 있음을 알고 있어야 한다.

## 05 영재아는 새로운 것에 호기심이 강하다

**⁝ 지적 잠재력의 50퍼센트는 생후 48개월 이전에 결정**

지적 잠재력의 50퍼센트는 생후 48개월 이전에 결정되며, 8세까지 80퍼센트가 완성된다. 때문에 호기심과 탐구력이 높은 아이들은 그 재능을 비교적 일찍 발견할 수 있다. 보편적으로 호기심이 없는 아이들은 드물지만, 영재아는 새로운 것에 대한 도전 욕구 때문에 호기심이 더욱 강하다.

영재아들은 가만 보면 성취감에 대한 열망, 과제에 대한 의욕, 의문에 대한 집착도 일반 아이들과는 비교할 수 없을 정도로 강하다. 결국 이 호기심이 영재아를 더 분발하게 하고 흥미를 더 자극하기도 한다.

영재아의 특징은 관심과 감정이 롤러코스터를 타는 것처럼 극과 극인 경우가 많다는 것이다. 아침에는 우주의 빅뱅 이론을 다룬 다큐멘터리를 보았는데, 저녁에는 어울리지 않게 아동용 만화영화를 보거나 인형 놀이를 하는 식이다.

또한 갑자기 한 가지에 꽂히면 스스로 만족할 때까지 질문하고 탐구하고 잠도 안 자는 경우까지 생긴다. 그래서 부모를 당황하게 하거나 헷갈리게 하기도 한다.

어린아이를 키우는 부모는 아이가 무엇을 할 때 눈이 빛나는지, 행동이나 말에서 어떤 특출한 점이 있는지를 빨리 파악할 수 있어야 한다. 또한 영재아라고 해도 모두 타고난 재능이 다르다는 사실을 인정해야 한다. 완벽하게 모든 것을 다 잘할 수 있는 영재아는 없다.

호기심이 강한 뇌에는 여러 가지 신경전달물질이 작용한다. 그중에서 탐색 시스템을 활성화하는 도파민이 전두엽 전체에 흐르면 호기심이 생길 뿐 아니라 그 호기심을 충족시키고자 하는 의욕이 생긴다.

즉, 뉴런의 시냅스끼리의 정보 전달은 1,000분의 1초도 안 되는 순간에 이루어지는데, 이 시냅스를 따라 빠르게 정보를 전달하는 신경전달물질이 호기심을 깨우는 뇌에 중요한 역할을 한다.

아이의 뇌를 바꾸는 것은 어렵지만 신경전달물질은 음식, 수면, 햇빛, 교육 방식, 긴장도 등에 의해 수시로 변한다. 따라서 부모는 이 신경전달물질을 잘 관리해 아이가 최적의 상태에서 자신의 분야에 전념할 수 있도록 배려해야 한다.


## : 6세 정도에 아이큐 검사와 성취도 검사를 실시해 영재아 판별

호기심은 하위 뇌에 위치한 선천적인 탐색 시스템이 활성화되어야 작동한다. 공부에 대한 의욕, 새로운 것을 추구하는 에너지, 성취감을 맛보려는 열망은 모두 여기에서 발생한다.

미국 캘리포니아 대학교의 그루버(Matthias Gruber) 박사의 연구에 따르면, 사람은 문제에 대한 해답을 찾기 위한 호기심이 강할 때 정보를 잘 학습한다. 또한 더욱 놀라운 사실은 일단 호기심이 커지면 관심을 갖지 않았고 연관성도 없는 정보에 대한 학습까지 증가한다는 것이다. 즉, 호기심이 자극받으면 보상과 관련된 뇌회로의 활동이 증가하고 새로운 기억에 중요한 해마와의 상호작용이 증가해 뇌가 정보를 잘 학습하고 배경 지식을 쌓게 한다는 것이다.

영재아에게 유독 호기심이 많다는 사실은 스스로 기회를 많이 가질 준비가 되었다는 뜻이므로 부모도 적극적으로 대응해주어야 한다. 또한 호기심의 뇌는 근육과 같아서 사용할수록 호기심이 왕성해지고 더욱 열심히 하게 되므로, 부모는 아이가 흥미로운 경험을 많이 할 수 있도록 호기심을 자극하는 환경을 풍부하게 제공하는 게 좋다.

아이에게 영재성이 보인다고 판단되면 일반적으로 6세 정도에 아이큐 검사와 성취도 검사를 해보고, 10세나 11세에 한 차례 더 실시해보면 확실해진다. 다만 이런 검사를 한 후 부모가 아이의 공부에만 너무 몰입한 나머지 학습지 풀기나 책 읽기 등을 무조건 강요하는 것은 위험한 발상이라는 점을 기억하자. 아이에게 영재성이 보일수록 이런 태도를 취하는 부모가 의외로 많은데, 아이에 대한 세심한 관찰과 배려만이 훌륭한 아이를 만든다는 사실을 잊어서는 안 될 것이다.

## 아이의 머리가 좋아지는 바로크 음악과 모차르트 음악

바로크 음악은 르네상스 시대 이후부터 바흐가 사망한 1750년까지 발전한 음악이다. 그런데 왜 바로크 음악을 머리가 좋아지는 음악이라고 하는 것일까? 그리고 모차르트 음악도 머리가 좋아지는 음악에서 왜 빠지지 않을까?

바로크 시대의 음악은 저음부에서 지속적으로 쉬지 않고 베이스 반주를 곁들이는 통주저음을 많이 연주한다. 그런데 이 리듬이 인간의 심장 박동수와 대략 일치하기 때문에 이런 음악을 들으면 마음이 안정된다.

또한 이렇게 바로크 음악을 들으며 마음이 안정된 상태에서 뇌파를 측정해보면 알파파(신체의 이완과 명상 때 나오는 뇌파)가 나오는 데, 알파파가 나올 때는 집중력이 향상되고 두뇌가 활성화된다. 결국 이런 이유로 아이큐와 이큐(EQ)가 발달한다고 하는 것이다.

부연하자면 태아가 바로크 음악을 들으면 엄마의 심장 소리와 비슷하기 때문에 편안한 상태에서 정서적으로 안정감을 가질 수 있다.

한편 모차르트의 음악은 1994년 미국 위스콘신 대학교 심리학 교수인 프랜시스 로셔(Frances Rauscher) 박사와 캘리포니아 대학교 물리학 교수 고든 쇼(Gordon Shaw)의 실험 연구 발표로 유명해졌다. '학습과 기억에 관한 신경생물학 센터'의 로셔 박사는 대학생들을 대상으로 모차르트의 음악이 뇌에 미치는 영향을 실험했다. 실험 결과, 모차르트의 〈두 대의 피아노를 위한 소나타 D장조 K448〉을 들은 학생 집단이 공간 추리력 테스트에서 다른 집단보다 월등하게 좋은 점수가 나왔다. 이 실험이 발표된 후 모차르트 음악은 '모차르트 이펙트(Mozart Effect)'라는 말까지 만들어내며 전 세계적으로 신드롬을 일으켰다.

바로크 음악이든 모차르트 음악이든 이런 클래식 음악들은 아이의 정서 발달에도 좋다. 또한 적당한 빠르기로 이루어진 2~3박자의 차분한 음악들이나 각 곡에 어울리는 파도 소리나 새소리 등의 자연음은 아이의 뇌를 자연스럽게 알파파 상태로 이끌기 때문에 집중력 향상에 효과적이다.

**머리가 좋아지는 음악**

**쿠프랭** | 쳄발로 곡집

**비발디** | 플루트 소나타

**헨델** | 수상음악 모음곡

**바흐** | G선상의 아리아, 골드베르크 변주곡, 바이올린 협주곡 E장조,
두 대의 바이올린을 위한 협주곡, 브란덴부르크 협주곡 제3번

**파헬벨** | 캐논

**베토벤** | 바이올린과 관현악을 위한 로망스, 바가텔 25번(엘리제를 위하
여), 바이올린 협주곡 D장조, 피아노 소나타 14번(월광)

**쇼팽** | 24개의 전주곡

**요한 슈트라우스** | 아름답고 푸른 도나우강

**브람스** | 왈츠 제5번(헝가리 무곡)

**모차르트** | 두 대의 피아노를 위한 소나타, 교향곡 25번, 피아노 협주곡
23번, 플루트 협주곡, 바이올린 소나타 22번, 현악 5중주곡

**브람스** | 피아노 트리오 1번

**파가니니** | 바이올린 협주곡 2번

**차이콥스키** | 현을 위한 세레나데

## 완벽증 강박관념에
## 시달리는 영재아들

**06**

● **감정을 통제하고 평가하는 능력은 5~6세에 비로소 발달**

"영재아로 뽑히는 아이들은 일반 아이들보다 성장 과정에서 감정
적으로 어려움을 많이 겪고, 내성적으로 자라며 드러나지 않게 불
행해지는 경향이 있다"라는 연구 결과를 발표한 영국의 심리학자
가 있다. 그의 연구 결과에 따르면 영재아는 평범한 자신의 모습이
외부에 드러날까 두려워하며, 항상 완벽해야 한다는 강박관념에 시
달린다.

만일 아이가 영재아로 판명되는 경우라면 이 연구 결과는 그 아
이의 성장 과정에 좀 더 신중하게 접근할 필요가 있다는 것을 시사
한다. 특히 부모의 극성으로 영재 아닌 영재가 되어 혼자 '속앓이'를

하게 해서는 절대 안 된다.

영재아는 스스로 모든 것을 다 잘할 수 있는 존재가 아니다. 잠재력을 가진 것은 맞지만 좋은 성과를 내기 위해서는 교육적인 지원이 필요하고 정신적으로도 배려해줄 부모나 교사가 필요하다.

아이의 변연계는 초기에 전두엽의 개입 없이 독자적으로 두려움, 웃음, 울음 등의 감정을 조절한다. '지금, 여기'만 존재하는 아이의 사고는 나름의 논리가 있지만 매우 자기중심적이다. 그 결과 자제력을 잃고 갑자기 화를 내거나, 올바른 결정을 내리지 못하거나, 전반적으로 공감 능력과 자기 이해력이 부족한 모습을 스스로 보게 되는 것이다. 아이의 감정을 조절하는 변연계 상부는 오랜 시간에 걸쳐 발달한다. 따라서 감정을 통제하고 평가하는 능력은 5~6세는 되어야 비로소 발달하기 시작한다.

전두엽이 성숙해가면서 감정을 조절하는 능력은 변연계에서 만들어지지만, 영유아기에는 전두엽에서 지각할 수 있다. 아이는 감정을 주변의 사건과 일치시킬 수 있고, 피곤하거나 배가 고프거나 실망한 것을 부모에게 알리기 위해 관심을 집중한다. 그러면서 공감력도 생겨 자신이 좋아하는 과자를 타인에게도 주기 시작한다.

학습 의욕과 관련된 대상회는 뇌 아래쪽에 있는 편도체나 시상하부로부터 정보를 전달받아 유쾌하거나 불쾌하다는 판단을 내리고, 욕구를 대뇌피질에 전달하며 행동하고자 하는 의욕을 만들어낸다. 변연계는 아이가 뭔가 선택을 할 때도 역할을 한다. 선택해야 하는 상황은 아이에게 자신의 가치를 깨닫게 하고, 자신의 능력을 객관적으로 확인하는 과정이다. 따라서 아이에게 선택할 기회를 되도록 많이 주는 것이 좋다.

영재아에게 무엇보다 중요한 것은 지적 자극이 아니라 올바른 정서의 발달이다. 긍정적인 자기 이미지와 굳건한 자존감을 구축하도록 도와주어야 한다. 아이가 자신의 감정을 제대로 이해하면서 자제하거나 구별하고, 또 그것을 바탕으로 건강한 정신을 기르고 유지하는 것도 중요하다. 아이의 인격이 활짝 피어나기 위해서는 이해, 사랑, 호의, 가치 등 고차원의 감정 함양이 꼭 필요하기 때문이다.


### ┊ 부모의 사랑이 아이의 사회성 발달과 성격 형성을 돕는 원동력

학대받는 아이는 그렇지 않은 아이보다 먼저 공포 감정을 알고 표현한다. 또한 우울하고 정서적 반응이 없는 엄마가 키운 아이는 쉽게 좌절하며 성격이 까다롭고 활기가 없는 경우가 많다.

아이가 태어나고 처음 몇 년간 부모가 키우면서 아이에게 얼마나 신속하고 민감하게 반응하느냐가 아이의 정서 발달에 매우 중요하다. 또한 부모의 살가운 반응은 아이의 사회성 발달과 성격 형성을 돕는 원동력이 된다. 때문에 부모는 아이의 활동 수준에 맞춰 민감

하게 반응하고, 아이가 짜증을 내거나 지루해하면 빠르게 대응해야
한다.

부모는 아이와 같이 놀면서 스트레스 호르몬인 코르티솔 수치를
낮춰줄 수 있고, 아이에게 긍정심과 자긍심을 심어줄 수 있다. 그뿐
만 아니라 긍정심은 신경전달물질을 분비시켜 두뇌의 뉴런을 성장
시키고 시냅스를 증가시키고 강화한다. 그리고 긍정심을 갖게 된 안
정애착 아이들은 스스로 정서를 조절하기 시작한다. 아이의 긍정심
을 키우는 부모의 역할은 다음과 같다.

① 아이에게 빠른 반응을 보인다.

부모가 빠르게 반응하면 아이는 부모의 사랑을 독점하고 있다고
믿게 되고 불신을 없앨 수 있다. 매일 특정 시간을 아이에게 집중하
고 "지금은 너를 위한 특별 시간이야"라고 한다면 아이는 부모의 사
랑을 크게 느낀다.

② 아이의 선택을 존중한다.

아이들은 뭔가를 하려는 욕구가 늘 있다. 또 아이의 선택은 변연
계를 활성화한다. 함께 과자를 고르거나 장난감을 사거나 그림책을
고를 때 아이의 선택을 존중해주면 좋다. 아이의 자신감은 여기에서
출발한다.

③ 많이 칭찬해준다.

아이에게 긍정적이고 적극적인 말을 하고, 아이가 바르게 행동했을 때는 늘 칭찬을 많이 해주면 좋다. 칭찬을 많이 받으면서 크는 아이는 자신의 행동에 만족감을 느끼고 무엇인가 하고자 하는 욕구를 더 가진다.

④ 부정적인 평가나 잔소리는 금물이다.

아이의 작은 실패에도 놀리거나 부정적인 평가를 하면 아이는 무력감을 느낀다. 부모의 장난스러운 조롱이나 잔소리도 상처가 될 수 있다. 부모는 빨리 가르쳐주고 어서 잘하길 원할 것이 아니라 아이가 스스로 터득해서 잘하게 도와주어야 한다.

⑤ 새로운 시도를 격려한다.

아이는 나름대로의 선택 기준과 평가 기준이 있으므로 부모의 입장에서 객관성이 결여되었다고 하더라도 아이의 생각을 소중하게 받아줘야 한다. 특히 스스로 자랑스러워하는 행동이나 성취에 대해서는 진심으로 기뻐하고 공감해야 긍정적으로 변한다.

⑥ 신중하게 야단쳐야 한다.

부정적인 감정은 오래 기억되며 트라우마가 되면 편도체에서 그것을 기억한다. 또한 편도체의 부정적인 기억은 7배의 긍정적인 기억이 있어야 지워진다. 그러니 부정적인 기억을 만들지 않고 트라우 마를 주지 않는 것이 긍정심을 키우는 데 매우 중요하다.

# 07 학교 공부를 못하는 영재아가 많다

"우리 애는 공부에 통 흥미를 못 느껴요."

"공부는 자기가 하고 싶을 때만 한답니다."

"애가 도무지 의욕이 없어요."

이런 하소연을 하는 영재아의 부모들이 제법 많다. 영재라면 학교 공부 정도는 걱정거리도 아니라고 생각하기 쉬운데, 아이가 만난 현실은 어렵고 힘들기 때문이다. 특히 학교 공부와 거리가 먼 아이로 비치면서 갈등도 많이 생긴다.

왜 남들보다 뛰어난 머리를 가진 내 아이가 학교 공부를 못하는지, 그 자체를 받아들이지 못하는 부모도 상당히 많다. 유감스럽지만 영재아라고 해서 반드시 학교 공부를 잘한다는 법은 없다. 오히려 영재아는 자신의 특출한 면에 더 몰두하는 편이고 사회성이 없는 경우도 많아서 학교생활이 더 힘들 수도 있다.

루이스 터먼(Lewis Madison Terman, 미국의 심리학자로 스텐퍼드-비네 지능 검사를 개발했다)의 연구에 의하면 학업 성취도가 낮은 영재아 중 최소 20퍼센트가 정서적 문제를 겪고 있다. 그만큼 영재아는 모든 일에 아주 민감하고, 주위 환경과 모든 정보에 매우 예민하게 반응하고 분석하는 성향을 가지고 있다.

## ⠿ 영재아는 학교 공부가 시시하고 재미없다고 생각할 수 있다

그렇다면 어떻게 해야 영재아로 선택받은 우리 아이를 잘 키울 수 있을까?

영재아는 거의 본능적으로 실패를 두려워한다. 그래서 대부분 잘 해내지 못할 바에야 차라리 아무것도 하지 않는 쪽을 선택한다. 그만큼 스스로 지나칠 정도로 완벽주의자라는 확신을 가지고 있기 때문이다.

특히 영재아는 단어나 구구단 외우기와 같은 암기 중심의 공부에는 흥미를 못 느끼고 반복도 매우 지겨워하는 편이다. 때문에 그 아이에게 적절한 학습 방법을 찾아서 기본을 잘 익힐 수 있도록 해야 한다. 더러 한 가지만 뛰어나게 잘하면 나머지는 못해도 괜찮다는 생각을 하기도 하는데, 백지상태에서는 영재성을 발휘하기 힘들고 기본적인 학습 능력이 없이 뭔가를 뛰어나게 잘한다는 것은 불가능하다.

학교 수업을 지루해하는 영재아도 많다. 더불어 학교 공부가 너무 쉽다거나 아니면 너무 따분하다는 이유로 교실에서 자신만의 튀는 행동을 하는 영재아도 있고, 반대로 모든 것을 꾹 참고 표현하지 않는 영재아도 있다.

일반적으로 학교 교육은 배우고 전달해야 할 기본 지식을 더 많은 아이들에게 이해시켜야 하므로 가르치는 내용이 단순할 수밖에 없다. 그래서 특별한 재능을 가진 영재아는 시시하고 재미없다고도 생각할 수가 있다. 영재아가 많이 가지고 있는 지나친 호기심이나 흥미를 충족시키지 못한 채, 학습에 매달리지 않고 산만하게 떠들고 남까지 공부에 지장을 주는 경우가 생기기도 한다. 지금 우리나라의 영재교육이 제대로 이루어지기 힘든 이유도 여기에 있다.

미국은 어려서부터 영재아를 수시로 뽑고, 뽑은 영재아를 일반 아이들과 교육하면서도 특별활동 식으로 그룹 활동 등을 통해 영재교육을 지속적으로 한다. 그러나 우리나라는 영재아를 뽑더라도 영재교육기관을 따로 다녀야 한다. 학교 수업을 받고 일반 아이들과 어울리면서 영재아를 위한 교육을 더 받을 수가 없는 구조이기 때문이다.

영재아는 모든 일을 순차적으로 처리하는 대신 총체적으로 보고 처리하는 뇌를 가지고 있어서 핵심 요소는 잘 알지만 세부 사항은 잘 파악하지 못하는 경우가 많다. 그래서 문제를 쉽게 이해하지만 조직적인 추론은 전개하지 못한다. 즉, 결과적으로 주어진 데이터의 일부에만 근거해서 추론하고 지시문의 세부 사항은 전혀 고려하지 않기 때문에 과제를 하나하나 순차적으로 하지 못한다.

한편 많은 영재아는 학교에서 다지선다형 문제와 빈칸 채우기 문제 등에서 효과적으로 능력을 발휘하기도 한다. 그러나 주어진 어떤 주제로 작문을 해야 하거나 풀이 과정을 논리적으로 설명해야 할 때는 모든 생각들이 갑자기 활성화되어서 뇌가 뒤죽박죽이 되어버린다. 그래서 사람들은 그렇게 똑똑하고 반짝반짝한 영재아가 지나치게 부적절한 방식으로 행동할 수 있다는 걸 이해하거나 받아들이기 힘들다.


### ∶ 수학을 잘하는 영재아, 영어를 잘하는 영재아가 따로 있다?

영재아의 수준에서 학교 공부는 비교적 쉬운데 도대체 뭐가 문제라서 성적이 나오지 않느냐고 안타까워하는 부모도 많이 보았다. 가장 큰 원인은 학교 공부의 기본이라고 할 수 있는 학습의 기초를 제대로 확립할 기회를 놓쳤거나, 처음부터 기초를 익힐 필요를 느끼지 못한 케이스이다.

그래서 여러 나라의 언어를 듣기만 해도 다 아는 영재아가 수학을 매우 못한다거나, 수학 귀신이라고 불릴 만큼 수학을 잘하는 영재아가 영어를 너무 못해서 곤란한 지경에 빠지는 식이다. 더구나 영재아라는 인정을 공식적으로 받기라도 하면 부모들 대부분이 사소한 기초 학습을 무시하고, 심지어는 기초 학습이 부족해도 괜찮다는 만용을 보이기까지 한다.

결국 이런 식으로 영재아가 학교생활을 한다면 부적응은 물론 좋은 성적을 기대하기 힘들다는 사실을 잘 알아야 한다. 더러 학교 공부의 기초를 위해 시간을 보내느니 차라리 그 시간에 영재아의 타고난 영재성을 더 닦는 게 낫다는 생각을 하는 경우도 있다.

하지만 아주 쉽게 여기는 기초 학습이 뇌의 균형적인 발달을 위해서는 꼭 신경 써야 하는 부분임을 잊어서는 안 된다.

영재아는 일상생활 속에서 보일 법한 반응 억제력이 취약한 경우도 많은데, 그런 이유로 집중력이 떨어지거나 감정 조절도 서툰 편이다. 그래서 생각 없이 행동하거나, 생각하기 전에 감정이 먼저 격해져서 입에서 나오는 대로 심한 말을 하거나, 화낼 이유가 없는데도 벌컥 화를 내기도 한다.

예기치 않게 계획이 바뀌었을 때 어찌할 바를 모르고 안절부절못하는 모습을 보이며, 반응 억제, 감정 조절, 융통성 등에 모두 취약한 영재아도 많다. 그만큼 일상생활이나 평범한 일조차 적응하기 힘들 정도로 예민한 아이가 많다는 뜻이다.

앞에서도 말했지만 영재아라고 해서 모든 것을 다 잘하는 게 아니고, 공부든 다른 재능이든 그 아이에게만 특화된 영재성이 각각 있다.

모두 다르게 가지고 있는 영재성을 기준으로 영재아라고 해서 꼭 전교 1등을 해야 한다는 법도 없고, 부적응으로 인해 문제아가 된다는 법도 없다. 때문에 이런 시각으로 영재아를 키우고 기초 학습에도 신경을 쏟는다면 아이가 학교에서 상처를 받거나 마음이 상하는 일이 덜해질 것이다.

# Chapter 2

# 올바른 영재교육

## 01 어떤 아이에게 영재교육이 필요한가?

**∶ "한 개인의 성공에 아이큐만큼 중요한 요소는 없다!"**

"한 개인의 성공에 아이큐만큼 중요한 요소는 없다"라고 주장했던 미국의 심리학자 루이스 터먼이 아주 오래 전에 아이큐와 성취도를 알아보는 프로젝트를 진행한 적이 있다.

그는 미국의 초등학생·중학생 25만 명을 검사한 후 아이큐 140이 넘는 영재아 4,000명을 뽑았다. 그 후 그들을 상대로 추적 조사를 했다. 이 조사는 거의 영재아의 일생 동안 행해졌는데, 결과는 아이큐에 대한 기대와 신뢰가 매우 컸던 터먼 교수를 배신하는 일로 나타났다.

터먼 교수는 자신이 뽑은 영재아들이 어느 정도 시간이 흐르면 미국은 물론 세계를 주름잡는 성공의 아이콘이 될 것으로 자신했다고 한다. 아이큐가 높은 영재아일수록 그렇게 될 확률이 높을 수밖에 없다고 확신한 것이다.

그런데 그 결과를 보니 터먼이 호기롭게 선택한 아이들의 대부분은 공무원이 되었고, 대법관 2명, 지방법원 판사 2명, 캘리포니아주 주의원 1명과 주의 관리자 1명만 나왔다는 것이다. 미국 전역에 이름을 떨친 아이는 극소수였으며, 대부분 평범한 직업을 가지고 소시민으로 살았다. 그렇게 철저하게 엄선했는데도 노벨상 수상자는 단한 명도 나오지 않았다.

그와 함께 모두를 더욱 놀라게 한 것은 오히려 아이큐가 낮게 나와서 영재아로 뽑히지 못한 아이들 중에서 두 명이 노벨상을 받았다는 사실이다. 바로 윌리엄 쇼클리(William Shockley, 트랜지스터의 발명으로 노벨물리학상 수상)와 루이스 알바레스(Luis Alvarez, 소립자에 대한 업적으로 노벨물리학상 수상)가 주인공인데, 영재아로 화려하게 출발하지 않았지만 나중에 큰 성공과 업적을 남기게 된 것이다.

또한 터먼 교수는 조사 결과 1만 명에 한 명꼴로 나오는 아이큐 170 이상 초영재아는 83퍼센트가 정신질환에 시달렸고 사회적 성공률도 낮았다고 했다. 그리고 아이큐 150 내외의 영재들이 진정한 영재로 살게 되더라고 발표했다. 이들이야말로 그 재능을 조기 발견하고 집중 교육을 받고 꾸준히 노력한 경우 성공률이 가장 높다는 결론을 내렸다. 그러면서 다음과 같이 말했다.

"아이큐 자체와 그 성취도 사이에는 긴밀한 상관관계가 없다."

## ⁝ 영재아는 반복 훈련이나 암기와 선행학습으로 만들어지지 않는다

많은 사람들이 아이큐는 타고나는 것이고 잘 바뀌지 않는 고유한 특성이라고 생각하지만, 아이큐만으로 아이를 판단하는 것은 물론 위험하다. 하지만 영재교육의 중요성은 지금도, 그리고 앞으로도 더 관심을 끌 것이고 효용성의 가치도 높아질 것이다. 영재교육의 중요성은 터먼 교수의 조사 결과뿐만 아니라 매우 평범하게 유치원이나 학교에 다니다가 남다른 재능을 발견하는 영재아를 보면서도 종종 느낀다.

물론 앞에서도 언급했지만 세계적인 독일의 물리학자 아인슈타인과 미국의 물리학자 리처드 파인만 등은 뛰어난 영재였고 세계의 과학사를 새로 쓰게 했지만 영재교육을 따로 받은 적은 없다. 굳이 공통점을 찾자면 이들은 유대인이다. 그러나 이렇게 특별한 사람들이 영재교육을 전혀 안 받았다고 해서 영재 대부분이 선천적이라고 단정할 수는 없다. 다만 영재교육은 언제나 신중하게 접근해야 하며, 조기교육과 혼동해서도 안 된다.

공자는 제자들을 가르칠 때 제자의 수준에 맞췄다. 그래서 인(仁)을 설명할 때도 제자에 따라 내용이 달랐다. 어떤 제자한테는 인(仁)

을 '사람을 사랑하는 것(愛人)'이라고 했고, 또 다른 제자에게는 '부모에게 효도하고 윗사람을 공경하는 것(孝悌)'이라고 했다. 그뿐만 아니라 어떤 제자한테는 '자신의 욕망을 극복하고 예로 돌아가는 것(克己復禮)'이라고 했으며, 또 어떤 제자에게는 '남을 배려하는 것(忠恕)'이라고 했다.

공자의 예를 길게 든 것은 영재교육도 이처럼 그 당사자의 능력과 특성에 적합한 내용과 방법으로 맞춤 교육을 해야 가장 적절하다는 뜻이다.

영재아의 특성을 고려하지 않은 천편일률적인 교육은 엄밀하게 말하자면 진정한 영재교육이라고 할 수 없다. 그렇다면 영재교육은 왜 필요한가? 영재교육은 아이의 무한한 잠재력을 더 발달시키고 아이가 제대로 성장하도록 돕기 위해서 꼭 필요하다.

표준화된 매뉴얼로 영재를 선발하는 우리나라는 '내 아이가 다른 아이와 다른 영재아'라고 부모 스스로 판단하고 있는 경우가 많다. 그래서 기관의 영재 판별에 반발하고 '왜 우리 아이가 뽑히지 않았느냐'라면서 아이의 객관적인 현실을 받아들이지 못하는 경우도 많다. 심지어 아이에게 선행학습은 물론이고 창의력이나 사고력을 강화하는 교육을 시켜 영재 선발에 도전하고, 떨어져도 재도전하는 경우가 많다.

미리 이야기하자면 영재아는 반복 훈련이나 암기와 선행학습으로 만들어지는 것이 결코 아니다. 틀에 박힌 천편일률적인 교육 등

잘못된 교육은 오히려 타고난 영재성을 사장시킬 수도 있다. 그러니 영재아에 대한 부모의 헛되고 과한 욕심은 버리는 게 좋다.


## ⁞ 올바른 영재교육을 통해 아이의 성취감과 자신감 함양이 필수

영재아들은 단계적인 정규 커리큘럼을 일반 아이들보다 빠르게 받아들이고 잘 이해한다. 즉, 똑같은 커리큘럼을 받아들이는 속도와 깊이가 일반 아이들과는 현저하게 다르다. 그래서 영재아들이 자기 수준에는 쉬운 교육 단계에 익숙하게 젖어 안주하는 것을 막고 더 지적인 자극을 주기 위해서도 전문적인 영재교육을 할 필요가 있다. 영재아들은 다양하고 수준 높은 교육 기회를 주지 않으면 지루함을 느끼게 되고, 지적인 자극이나 도전 욕구도 서서히 잃어버리게 되기 때문이다.

그뿐만 아니라 아이큐로 분류하는 것과 별개로, 매우 어려서부터 어느 분야에서 특출한 재능을 가진 아이도 빨리 발견해서 영재교육을 해야 할 필요가 있다. 흔히 많은 사람들이 알고 인정하는 분야인 과학이나 수학은 영재성을 보이는 시기가 더 빠르다는 발표도 있다. 하지만 수학이나 과학이 아닌 예능이나 체육도 일찍 소질이 보이면 올바른 영재교육을 통해 아이의 성취감과 자신감을 북돋울 필요가 있다.

아무리 영재성이 뛰어난 아이라도 그 아이의 잠재력을 일깨우고 또 교육으로 키워주지 않으면 영재성은 묻혀버리기 쉽다. 즉, 영재아로 판명되더라도 가만히 내버려 두면 저절로 영재의 삶을 살아가는 게 결코 아니라는 것이다.

또한 모든 것이 뛰어나 영재아로 뽑힌다고 해도 아직 정체성이 확립되지 않은 어린아이들은 교육과 성장 과정에서 조심하고 신경 써야 할 부분이 많다. 모두 똑같은 것은 아니지만 영재성을 가진 아이들은 더 민감하고 집중력과 몰입도가 높아서 오로지 자신만 아는 이기적인 성격이 될 수도 있고 예민해서 상처를 더 많이 받을 수 있다는 점도 간과해서는 안 된다. 그래서 초·중·고등학교 시절까지는 일반 아이들과 단절해서 영재아들만 따로 모아 특수교육을 하는 것이 바람직하지 않다는 의견도 있다.

우리나라도 정규 영재학교는 현재 없고 특별활동으로 교육하는 식의 영재교육기관만 여러 곳 있다. 이런 기관들은 커리큘럼을 짠 후 일정 기간을 정해서 특수교육을 하는 식으로 운영된다. 많은 아이들이 그곳을 통해 더욱 발전하기도 하지만, 그런 교육에 적응하지 못해서 탈락하기도 한다.

부모들은 영재교육원이 특목고와 명문대를 가기 위한 아이의 스펙 쌓기 과정이 결코 아니라는 사실을 직시해야 한다. 그리고 영재아로 판명된 내 아이가 특수교육기관에 뽑혀 들어가는 것이 중요하고 기쁜 일이지만, 그 후에 일어나는 여러 가지 일과 그 결과들로 인해 아이가 큰 좌절에 빠지거나 상처를 받고 일반 아이들의 대열에 다시 편입하는 일이 생길 수도 있음을 각오해야 한다.

정말 천재적인 한 사람이 탄생하기 위해서는 영재아 조건을 충족하는 아이의 특출함과 영재성 외에도 적절한 교육, 좋은 환경, 행운, 건강한 몸과 성격, 부모의 능력 등 모든 것이 톱니바퀴처럼 잘 맞물려 돌아가야 한다.

# 영재아의 영재교육과 조기교육은 다르다

**⠇영재의 징후는 아이에 따라 생후 1개월 무렵부터 나타나기도 한다**

영재성은 유전적인 요인과 후천적인 환경이 잘 조화되어야 나타난다고 할 수 있다. 때문에 어느 한쪽이 부족하면 영재성이라는 꽃을 피우기 힘들다. 또한 아이의 영재성은 누가 언제 잘 알아챈다고 단정적으로 이야기하기 곤란하다. 특히 이런 특별한 능력, 영재성이라는 것이 누구는 매우 어릴 때 나타나지만 심한 경우에는 30대 이후에 갑자기 나타나기도 하기 때문이다.

세계 최초로 인공심장을 발명한 미국의 로버트 자빅(Robert Jarvik) 박사는 고등학교 성적과 미국 대학수학능력시험(SAT) 성적이 나빠서 미국의 대학교에 진학하지 못했다. 그래서 이탈리아에 있는 의과 대학교로 진학했다. 그러나 뛰어난 연구로 인공심장을 발명했다. 그는 학업 성적과 상관없는 창의·생산적인 영재로 늦게 두각을 나타낸 것이다.

그렇다면 무엇으로 아이의 영재성을 쉽게 알아낼 수 있을까? 이것도 정답은 없다. 참고로 말하자면 1960년대 초 네 살에 4개 국어를 구사하고 미적분을 풀어 '천재 소년'으로 불렸던 김웅용 신한대학교 교수의 공식 아이큐는 210이다. 또한 멘사 가입 조건이 아이큐 150 이상임을 감안한다면 보통 사람의 아이큐가 대략 짐작될 것이다.

영재성이 있는 아이는 어릴 때부터 남다르다는 것을 알아야 한다. 더러 다른 아이보다 말이 좀 빠르다거나, 뭔가를 빨리 구별한다거나, 가르쳐주지 않았는데 어깨너머로 글자와 숫자를 익혔다고 영재 검사를 원하는 부모들도 있는데 영재는 이런 정도가 아니다.

영재의 징후는 아이에 따라 생후 1개월 무렵부터 나타나기도 한다. 신생아는 흑백만 가늠할 정도로 눈이 매우 나쁜데도 이런 아이들은 시선이 강렬해서 남다르다는 것을 알 수 있다. 또한 자라면서 몸을 가누거나 탐험 반경을 넓히고 자세를 취하는 것도 아주 민첩하다. 걸음조차도 다른 애들보다 매우 빨리 떼고, 어떤 물체에 대해서도 빠른 속도로 반응을 보이기 일쑤이다.

하지만 어려서부터 이렇게 유별난 징후가 하나도 없이 숨어 있다가 나중에 갑자기 영재성이 나오는 경우도 있다. 즉, 언제부터 영재아라는 식의 경계도 없다고 봐야 한다.

## ⁞ 영재성을 보이는 아이들은 오감이 매우 발달해 있다

영재아 대부분은 오감이 유독 예민하다. 영재성이 보이는 아이들은 주변 환경의 변화에 민감하고, 모든 디테일에 놀랄 정도로 예민하며, 매우 작은 소리와 순식간에 사라지는 냄새, 미미한 온도 변화도 민감하게 알아챈다.

오감이 매우 발달했다는 방증이다. 즉, 사람의 감각은 자극받을수록 확대되고 더 강렬해지는데(감각과민증), 영재아는 대부분 '감각과민증'이라고 해도 될 정도이다.

영재아는 마치 여러 개의 소리 전달 경로를 사용하는 것처럼 광범위한 주파수 대역의 소리를 들을 수 있고, 여러 음원을 동시에 들을 만큼 청각이 뛰어나다. 정보를 이끌어내기 위해서 후각을 이용하기도 하는데, 눈에 보이지 않고 타인이 지각하지 못하는 것도 잘 이해하고, 복잡한 사고를 기억으로 저장한다.

후각과 함께 미각도 뛰어난데 미각과 후각이 긴밀하게 연결되어 있는 탓이기도 하다. 또한 영재아 대부분은 촉각에 민감하다. 타인의 살결, 모직물, 합성섬유, 신문지 등 재질의 질감에 관심이 크고, 직접 만져보고 싶어 한다. 이렇게 습득한 감각 정보가 두뇌에서 매우 빠르게 처리되면서 데이터화한다는 점도 흥미롭다.

영재아는 대체로 이런 패턴의 성장 과정을 거치는데, 영재 판별검사에 알맞은 시기라는 것은 없다. 다만 부모들이 영재검사를 원하는 시기가 4~7세인 경우가 많아서, 조기교육과 혼동해 검사하는 경우가 흔하다.

하지만 부모가 꼭 알아야 할 사실은 5~6세 이전의 아이큐 검사에 신중해야 한다는 것이다. 이 나이에는 오직 당시의 아이큐를 파악할 목적으로만 검사를 받아야 한다. 만일 이 검사에서 영재성을 발견한다고 해도 몇 년 후 다시 검사해서 명확한 영재 판명을 받아야 옳다. 다시 하는 검사가 실질적인 예측 효과를 가지기 때문인데, 이는 몇 년 후에 측정한 아이큐가 비로소 안정적이고 장차 크게 달라지지 않기 때문이다. 즉, 뇌의 성숙도가 어느 정도 이루어져야 정확한 검사가 가능하다는 뜻이기도 하다.

## ⁝ 아이큐를 어떻게 생각하는지에 따라 삶의 결과가 달라진다

영재교육이 특정한 영역에서 빠른 발달을 보이거나 아주 뛰어난 재능이 보이는 아이들을 알맞게 교육하는 것이라면, 조기교육은 만 4~5세의 아이를 대상으로 지적 잠재력을 계발하고 집중적으로 훈련하는 교육이다. 이처럼 두 가지 교육이 얼핏 비슷해 보이고 시작하는 나이도 얼추 비슷해서 혼돈을 일으킬 수 있지만, 특별한 아이들을 위한 영재교육과 보통 아이들의 조기교육은 엄연히 다르다.

앞에서도 지적했지만 영재성을 알아내기 위해 가장 많이 기준으로 삼는 아이큐는 아이큐에 대한 일반 사람들의 믿음일 뿐, 전체를 아우른다고 할 수가 없다. 오히려 아이큐를 어떻게 생각하는지에 따라 삶의 결과가 달라진다는 스탠퍼드 대학교의 심리학자 캐럴 드웩(Carol Dweck) 교수의 주장에 더 귀를 기울일 필요가 있다고 생각한다.

드웩 교수의 연구에 의하면, 아이큐가 태어날 때부터 정해지는 것이라고 믿는 사람들은 아이큐가 노력으로 얼마든지 변할 것이라고 믿는 사람들보다 어려운 문제에 봉착했을 때 빨리 포기하는 경향이 있다.

문제를 처음부터 아예 어렵게 받아들인다는 것은 자신의 아이큐에 한계가 있다고 생각하고, 노력으로 아이큐가 변하지 않으니 극복할 필요도 없이 포기해버린다는 것을 의미한다. 이런 결과로 드웩 교수가 주장한 이야기는, 비슷하게 출발해도 아이큐가 노력에 따라 변한다고 믿는 아이들이 아이큐는 불변이라고 믿는 아이들보다 더 좋은 성장을 이루고 삶의 결과가 달라진다는 것이다.

## 뇌 발달 단계에 맞는 영재아의 적기교육

**03**

:**적기교육의 핵심은 그 아이의 두뇌 발달 단계에 맞추는 것이다**

적기교육은 아이의 학습적인 갈망을 채워주면서 두뇌 발달에 꼭 필요한 자극으로 학습 경험을 넓혀주는 교육이다. 많은 영재아에게 꼭 필요한 교육이지만, 일반 아이들도 적절한 때에 적기교육을 한다면 좋은 영향을 받을 수 있다.

반면 아이가 좋지 않은 자극을 받거나, 학대를 당하거나, 적절한 교육이 이루어지지 않으면 자라는 아이의 뇌는 시냅스 성장에 나쁜 영향을 미칠 뿐 아니라 가지고 있는 가능성마저 닫아버리게 된다. 아이들의 뇌는 끊임없이 변하고 끊임없이 성장하기 때문이다.

일반적으로 아이의 뇌는 패턴을 추구하기 때문에 아이 스스로 패턴을 찾고 자신이 좋아하는 패턴을 따르면서 사고력을 발휘하고 문제를 해결하려고 노력한다. 그리고 언제나 새로운 것을 좋아하고 추구하기 때문에, 새로운 것을 찾고 그것에 맞춘 학습과 교육이 이루어져야 호기심이 충족된다. 그래서 적기교육이 필요한 것이다.

보통 적기교육을 시작하게 되는 영유아기는 사람이 인생을 건강하게 보내기 위한 정신적인 기반을 쌓기 시작하는 중요한 때이다. 전반적으로 뇌의 모든 영역에 골고루 안배되면서 튼튼한 기초가 세워져야 함은 물론이다. 이렇게 중요한 시기에 시작하게 되는 적기교육의 핵심은 그 아이의 발달 단계에 맞추어야 한다는 점이다.


## ⦂ 영유아 시기의 아이들에게는 부모와 함께하는 체험학습이 필요

인간의 뇌는 5단계로 나뉘어서 발달한다. 오감이 발달하고 뉴런을 연결하는 시냅스가 급격히 발달하는 24개월까지를 1단계, 사고를 하고 정서를 익히고 관계를 알면서 전두엽과 변연계가 발달하는 48개월까지를 2단계, 전두엽과 우뇌가 발달하는 초등학교 입학 전까지를 3단계, 언어의 뇌가 발달하고 수학이나 추상적인 개념의 뇌가 발달하는 초등학생까지를 4단계, 시각적인 뇌가 발달해서 추상적인 개념을 이해하고 변연계가 활성화되어 감정에 휘둘리기 쉬운 20세까지를 5단계로 나눈다.

결국 적기교육은 이런 뇌의 과학적인 발달 단계에 잘 맞춰서 실시해야 효과적이다. 초등학교 교과과정이 철저하게 뇌의 발달에 맞게 짜여 있는 것도 다 그런 이유이다. 또한 초등학교 교과과정은 보통 아이들의 평균 지능을 기준으로 삼는다.

때문에 이런 단계를 무시하고 무리하게 교육을 앞당기는 선행교육은 뇌 발달이 이루어지지 않은 아이에게 과부하를 주어 오히려 좌절감을 줄 수도 있다는 사실을 알아야 한다. 그러니까 단계에 잘 맞추어진 적기교육이라는 명분을 내세워 만들어진 교재나 책, 교구를 많이 경험하게 하는 것은 신중한 접근이 필요하다. 오히려 아이의 뇌에 적절한 자극을 주고 뇌를 발달하게 하고 싶다면 자연환경과 신체 활동을 통한 체험학습을 더 우선시하는 게 바람직하다.

적기교육을 잘못하거나 무리하게 되면 부모의 소망과 달리 아이가 자라면서 점점 공부나 학습에 싫증을 내거나 거부할 수 있다. 그리고 정상적인 두뇌 발달에도 부정적인 영향을 미칠 수 있으며 애착이나 자존감에 상처를 받을 수도 있다. 심하면 정신적으로 장애가 생길 수도 있는 것은 물론 어린 나이에 심리적 치료를 받아야 할 수도 있다.

이런 이유로 뭔가 잘 짜인 상업적인 커리큘럼에 따르기보다 차라리 아이와 부모가 함께 놀면서 뭔가를 공감하고 공유하는 기회를 많이 가지기를 권하고 싶다.

특히 영유아 시기의 아이들에게 필요한 것은 한쪽으로 치우친 조기교육이나 적기교육이 아니라 부모와 함께 최대한 듣고 보고 느낄 수 있는 체험교육이다. 즉, 오감을 자극하고 체험과 경험을 잘하게 하는 교육 환경이 더 중요하다. 그리고 아이가 어느 시기에 어떤 자극과 경험이 필요한지를 아는 것이 바로 부모의 역할임을 인지해야 한다.


### ： 10세 이전에는 생각하고 판단할 수 있는 두뇌 발달을 준비

영재아는 평범한 아이들과 조금 다를 수 있지만 뇌가 준비되지 않은 상태에서의 조기교육은 보통의 아이들에게 스트레스 호르몬인 코르티솔의 과잉 분비를 일으켜 신경전달물질의 생성을 방해하고 뉴런을 죽이기까지 한다.

물론 머리를 좋아지게 하는 새로운 시냅스는 개인의 고유한 경험이나 세세한 학습으로 만들어지고 강화되는 것이지만, 무조건 어린 나이에 빨리 많이 교육한다고 해서 좋은 것만은 아니다.

미국의 소아신경과 전문의인 해리 추가니(Harry T. Chugani) 박사는 뇌 신경세포의 포도당 소모량이 4세까지는 성인의 2배 정도이며, 10세까지는 이 상태를 유지하다가 10세 이후에 급속히 감소한다는 사실을 밝혀냈다. 결국 4세에서 10세까지 뇌가 왕성하게 활동할 때 교육이 잘 이루어져야 한다는 주장을 펼쳤다.

한편 미국 예일 대학교 신경심리학과 교수인 패트리샤 골드만 라킥(Patrica Goldman Rakic) 박사는 시냅스의 안정화가 일어나는 10세 이후에 더 많은 학습이 이루어진다고 주장했다. 10세 이전의 뇌가 활동은 왕성하지만, 학습으로 연결하는 능력은 10세 이후 발달한다는 것이다. 따라서 10세 이전에는 생각하고 판단할 수 있는 두뇌 발달을 준비하고, 10세 이후는 추상적 사고가 필요한 학습이 이루어져야 한다고 주장한다. 영재아든, 일반 아이이든 적기교육은 아이의 수준과 상황을 잘 살펴서 해야 한다.

그리고 나이에 상관없이 통합형 영재교육과 주제별 영재교육을 잘 조화시켜서 실시하는 게 바람직하다. 같은 흥미를 가진 영재아들이 상호 보완하며 여러 체험과 실험을 할 수 있도록 많은 기회를 주는 게 가장 좋기 때문이다.

# 아이의 창의력을 중시하는 미국의 영재교육

**04**

## ● 미국은 정규수업 시간 중에 영재교육 수업을 제공하는 게 원칙

속진교육 중심의 영재교육을 비판하고, 어느 학교의 수석 합격자나 최연소 합격자 같은 성취적인 영재가 아닌 창의·생산적 영재아가 세상을 바꾼다는 주장을 펼친 렌줄리 박사의 말대로 미국은 창의적이고 생산적인 영재아 양성에 앞장서고 있다.

그뿐만 아니라 미국은 영재교육의 역사가 긴 만큼 영재아를 찾아내고 교육하는 교육 제도와 노하우가 발달되어 있다. 일반 아이들과는 별도로 영재아만을 가르치는 영재교육이 보편화되어 있고, 국가 차원에서 많은 지원을 하고 있다.

그래서인지 미국이나 유럽의 여러 나라에서는 영재아를 교육할 때 학업 성적이 뛰어난 수재에 몰두하는 게 아니라, 고급 사고 기능을 기본으로 분류, 비교, 일반화, 유추, 귀납적 추론, 연역적 추론 등을 가르치며 '창의력이 남다른 영재아'를 키우는 데 애쓰고 있다. 즉, 자기 주도 학습 능력이 뛰어나고 독립적인 프로젝트를 진행할 수 있는지, 또 얼마나 창의적인지를 중요한 평가 기준으로 삼는다. 영재교육의 출발이 우리와 아주 다르다고 볼 수 있다.

한편 미국은 각 주에서 수학과 과학을 잘하는 학생을 위한 영재학교(Math&Science School)를 운영하고 있을 정도로 많다. 물론 영재학교는 각 주의 거주자만 들어갈 수 있고, 외국인은 들어가기가 매우 힘들 뿐만 아니라 잘 받아주지도 않는다고 알려져 있다.

미국의 영재교육은 정규수업 시간 중에 영재교육 수업을 제공하도록 하는 게 원칙이다. 특정 영역에 영재성과 높은 수준의 흥미를 가진 아이들을 모아서 수준별로 수업을 진행하면 따로 시간을 투자하지 않고도 심화교육이 가능하기 때문이다.


## ● 유치원에서 교사들이 전체 5퍼센트 정도의 예비 영재아를 선발

우리에게 가장 많이 알려진 뉴욕의 경우, 유치원에서 교사들이 다른 아이보다 학습 능력이 높은 아이들을 고르는데, 전체 학생의 5퍼센트 정도가 뽑힌다고 한다. 교사가 아이들을 선별한 뒤 부모에게 먼저 연락해서 아이를 영재 프로그램에 참여하게 할지 의사를 묻는다.

물론 미국은 우리나라보다 영재를 뽑는 연령대가 훨씬 어려도 부모들이 여기에 관여하는 경우는 드물다. 일반 미국인 부모와 비교해 조금 특이한 점이라면 유대계 미국인과 한국 교포들이 영재를 언제 어떻게 뽑는지에 대해 가장 관심이 많다는 것이다.

미국은 교육비를 내지 않는 빈곤층부터 대학교 등록금에 맞먹는 교육비를 내는 사립 유치원까지 어느 유치원을 다니든 영재를 선별하고 교육 기회를 주는 과정은 공정하고 중립적이다. 그래서 누가 뽑히든 선별 과정에 불만이 없고, 왜 저 아이만 뽑혔느냐는 식의 불평불만도 당연히 없다.

또한 이해가 안 갈 수 있겠지만 영재로 뽑혀도 그런 교육을 아예 거부하는 부모도 있다. 그만큼 다양한 인종이 모인 다양한 사회이기 때문일 것이다. 어떻든 이렇게 여러 계층의 아이들 중에서 영재를 선별하고 부모에게 선택권을 준 후, 자발적으로 참여하는 아이에 한해서 일찍부터 영재교육이 실시된다.

그때부터 이 아이들은 유치원에서 일반 아이들과 학습하되, 1주일에 일정 시간 동안 영재로 뽑힌 아이들과 함께 책 읽기나 음악 감상, 미술 감상 등 조금 수준 높은 수업을 받는다. 매우 어려운 단계의 학습은 아니고 아이들 수준에 어울리는 놀이 문화, 영어 말하기 및 듣기 공부를 한다. 단, 최종적인 영재아로 정해지지 않은 예비 영재아이기 때문에 전체 수업은 계속해서 일반 아이들과 함께한다.

예비 영재로 뽑혔던 아이들은 유치원을 졸업하고 초등학교에 들어가기 전에 미국의 대학교에서 실시하는 적성 검사와 아이큐 테스트를 정식으로 받게 된다. 이 시험은 우리처럼 아이들을 한꺼번에 모아 시험을 보는 형태가 아니고, 테스트 담당 교사가 한 명씩 체크하면서 시험을 보는 방식이다.

이 시험에 합격한 아이들은 학교에서 영재 프로그램 교육을 받게 되는데, 전문적인 영재학교가 아니라 일반 학교 안에서 운영하는 영재반으로 들어가서 영재교육을 받는 것이다. 이런 영재반에 들어가면 아이는 5학년까지 영재반에서 수업을 받는데 반은 바뀌지 않는다. 또한 5학년까지의 영재교육 과정을 마치면 다시 테스트한 후 영재중학교에 갈 것인지, 일반 중학교에 갈 것인지를 부모와 함께 정하게 된다.


**: 미국 영재교육은 아이의 유대감과 사회성 교육을 중시한다**


이런 식으로 미국은 중도에 탈락하는 경우에도 큰 충격이 없도록 아이들을 배려하면서 영재아를 뽑고 교육하는 시스템을 유지하고 있다. 어려서부터 평범한 아이들과 함께 살아가는 법을 배우고, 함께 유대감을 갖고 사회성을 키우는 게 중요하다고 판단하기 때문이다.

중학교까지 일반 학교에 편성된 영재반에서 영재아를 공부하게 한 후, 고등학교에 갈 때 다시 테스트한 뒤 합격하면 그제야 비로소 일리노이 수학·과학영재학교(IMSA, Illinois Mathematics and Science Academy)나 토머스 제퍼슨 과학기술고등학교(TJ, Thomas Jefferson High School for Science & Technology)와 같은 영재고등학교로 진학하게 된다.

그 후 영재고등학교에서 대학 교육을 받은 후 대학교로 바로 조기 편입학을 하거나, 아예 대학교에 설치된 영재반으로 들어가서 공부하기도 한다. 이런 과정을 거친 영재아가 대학교에 들어가는 평균 나이는 16세라고 알려져 있다. 심지어 유일하게 영재들만 다닐 수 있는 바드 칼리지(Bard College at Simon's Rock) 영재대학교가 있다.

바드 칼리지의 교수 대 학생 비율은 하버드 대학교와 마찬가지로 교수 1명에 학생 8명이다. 외국 학생도 시험에 통과하면 입학할 수 있는데, 전체 학생의 85퍼센트가 장학생이며, 여기를 졸업하는 학생의 78퍼센트는 대학원에 진학한다고 알려져 있다. 아이비리그 졸업생 중에서 대학원에 진학하는 비율이 20~30퍼센트인 데 비하면 진학률이 매우 높은 편이다.

이렇게 단계적으로 서서히 이루어지는 미국의 영재교육은 40대에 자신의 일을 행복하게 하는 것에 목표를 두고 있다. 그리고 과학 분야 노벨상의 수상자 평균 나이가 67.7세인 만큼 영재아가 성장해서 재능을 꽃피우려면 많은 시간이 필요하다는 전제하에 영재교육을 실시한다는 것이 우리와의 차이점이다.

　영재아에게 지식의 무조건적인 축적이나 단순한 암기보다 탐구적인 학습 태도를 길러주는 교수법을 가장 중요하게 생각하는 미국의 영재교육은 정보를 어떻게 수집하고 활용할 것인지, 주위 사람들과 어떻게 협력할 것인지 등 사회성 교육도 소홀히 하지 않는다. 그리고 정해진 시간에 정해진 양의 학습을 강요하지 않는 시스템이다.

　우리나라의 영재교육도 차츰 더 좋아지고 다양해질 것을 기대해본다.

# 05 부모의 동작을 따라 하는 영재아의 거울뉴런

**⦂ 거울뉴런 덕분에 아이가 부모의 움직임을 모방할 수 있다**

일반적으로 아기들은 어른이라면 도저히 참을 수 없을 정도로 뭔가를 반복적으로 보기를 좋아한다. 밝고 반짝거리는 대상에는 더욱더 그렇다. 때문에 아기들은 DVD나 스마트폰의 동영상도 무리 없이 반복해서 볼 뿐 아니라 동작을 따라 하기도 하는데, 이 과정에서 거울뉴런이 작동한다.

거울뉴런은 특정 동작을 할 때뿐만 아니라 동작을 보거나 소리를 들을 때도 함께 활성화되는 뉴런이다. 엄마의 동작을 그대로 쉽게 따라 하는 것이나, 엄마의 감정을 잘 공감하는 것도 이런 이유이다.

거울뉴런은 1990년대 초, 이탈리아의 신경심리학자 자코모 리촐

라티(Giacomo Rizzolatti) 교수가 발견했다. 그의 연구팀은 원숭이를 대상으로 손의 의식적인 움직임에 관여하는 뇌 체계에 대해 연구하고 있었는데, 원숭이의 운동피질이 활성화되고 물건을 집거나 땅콩 껍질을 까는 등의 실제 행동이 일어나기 1,000분의 1초 전에, 운동을 준비하는 전운동영역이 먼저 활성화된다는 사실을 찾아내 발표했다.

즉, 어떤 행동이 일어나기 위해서는 전운동영역이 먼저 그런 행동에 필요한 운동을 준비한 다음에 실제 움직임을 이끄는 운동피질이 작동해 관련된 근육을 활성화하게 된다는 것이다.

과학자들을 더욱 놀라게 한 것은 원숭이가 과거에 경험해본 의도적인 동작을 다른 사람이 하는 것을 관찰할 때도 원숭이의 전운동영역이 활성화된다는 점이다. 그런데 전운동영역의 뉴런은 단순히 다른 사람의 손이나 입의 움직임을 관찰함으로써 활성화되는 것이 아니라, 오로지 상대방이 목표 지향적인 행동을 할 때만 활성화된다.

거울뉴런 덕분에 아이가 부모의 의도적인 움직임을 보면 마음속에 그 모형이 만들어지고 바로 그에 호응하는 모방 행동이 준비되는 것이다. 또한 뇌가 관찰한 타인의 목표 지향적 움직임을 자동적으로 모방하게 되는데, 이런 인지 체계는 복잡한 움직임을 배우는 데 이상적인 학습 체계이다. 즉, 부모의 모델링이 효과적인 이유라고 할 수 있다.

## ⁝ 부모가 웃으면 아이의 전두엽 거울뉴런이 아이를 웃게 만든다

거울뉴런은 타인의 행동은 물론 행동과 함께 관찰되는 고통이나 즐거움 등의 속성까지 흉내 낼 수 있다. 전측대상회와 섬엽이 이런 아픔을 처리하는 전두엽의 영역이다. 여기에서 거울뉴런은 흔히 얼굴 표정이나 몸짓 언어를 통해 전달되는 타인의 아픔에 반응한다.

그 덕분에 다른 사람과 어울리고 소통하는 데 필수 요소인 공감과 연민이 생겨나는 것이다. 공감은 타인의 감정 상태를 내면화하여 이해하는 것이고, 연민은 타인이 처한 곤경을 가련하게 여기는 감정이다. 직접 관찰하지 않고 제3자가 들려주는 자연재해나 사고 피해자에 대한 뉴스를 접해도 공감과 연민이 우러나는 것은 그런 소식을 듣는 즉시 우리가 겪었던 비슷한 경험이 떠오르기 때문이다.

웃음도 마찬가지이다. 아이는 다른 사람이 웃는 것을 보면 저절로 따라 웃는데 연구에 따르면 웃음소리만 들어도 거울뉴런은 웃을 준비를 한다. 이렇게 시각과 청각의 거울뉴런은 웃음과 긍정적인 감정을 전염시킬 수 있다.

뇌와 몸이 건강한 아이는 그만큼 많이 웃고 적절할 때 스스로 웃는다. 따라서 아이의 시선과 마주치면 밝게 웃어주어야 한다. 부모가 크게 웃으면 아이의 전두엽 거울뉴런이 순간적으로 아이를 웃게 만들 것이다. 또한 부모가 긍정심을 가지고 아이를 키우고 적극적으로 행동하면 아이도 부모를 흉내 내어 긍정심을 갖게 되며 적극적인 아이가 된다. 이런 긍정심은 아이의 기본적인 심성이 되는데, 특히 거울뉴런의 따라 하기가 함께하면 나중에 아이를 영재아로 교육할 때 큰 도움이 될 것이다.

자폐스펙트럼장애를 앓는 아이들 중 일부는 거울뉴런에 결함이 있는 것으로 알려져 있다. 그래서 타인의 생각과 행동을 추론하거나 이해하지 못하며, 은유와 속담을 알아듣지 못하고 자기 의사를 분명하게 표현하지 못한다.

# 아이의 오감 체험으로
# 창의력 키우기

**· 창의력은 유아부터 초등학교 저학년까지 급격하게 발달**

공간지능이 뛰어난 아이는 예술적 감성을 가지며 창의력을 발휘한다. 창의력에 대한 한 연구에 따르면 창의력은 유아부터 초등학교 저학년까지 급격하게 발달한다.

4차 산업혁명 시대에는 인공지능이 가질 수 없는 창의력과 감성이 경쟁력을 좌우하게 될 것이다. 그렇다면 어떻게 해야 아이의 창의력을 키울 수 있을까?

첫째, 바깥놀이를 많이 하도록 하자.

인간의 신체 중 가장 큰 부분을 차지하는 근육은 허벅지에 있는 대퇴근이다. 그런데 대퇴근은 근방추라는 신경을 통해 뇌줄기에 연결되어 있어서 걸음을 걸으면 근육에서 나온 신호가 뇌줄기에 전달된다. 그러면 뇌줄기가 자극받아 각성 작용이 있는 망상체의 활동이 높아지고 대뇌의 움직임이 활발해진다.

또한 심장은 평상시에는 1분간 약 5리터의 피를 내보내지만 걷게 되면 약 50리터, 즉 평상시보다 약 10배의 양을 내보내게 된다. 그러면 그만큼 뇌에 산소와 영양소가 많이 공급될 뿐만 아니라 노폐물도 더 많이 제거되기 때문에 뇌의 활동은 더욱 활발해진다.

뇌 속의 운동 영역과 감각 영역에서 다리가 차지하는 면적은 상당히 넓다. 따라서 걸으면 운동 영역이나 감각 영역의 상당한 부분이 자극받게 된다. 걷기뿐 아니라 달리기도 뇌를 활성화한다.

달리기를 하면 뇌 전체가 활성화되고 상쾌한 기분과 의욕이 높아진다. 또한 달리기를 하면 단기기억도 좋아진다. 달리기를 시작하기 전에 실시한 테스트에서 아이들은 65퍼센트의 정답률을 보였는데, 12주 동안 정기적으로 달리기를 하게 한 후에 실시한 테스트에서는 정답률이 95퍼센트로 상승했다는 연구 결과도 있다.

이것은 달리기가 운동 영역뿐 아니라 전두연합 영역까지 활성화한다는 것을 의미한다. 즉, 달리기는 전두연합 영역의 기능을 향상시켜 아이의 판단력과 통제력, 의욕, 창의력을 키워줄 뿐 아니라 기억력을 향상시킨다는 의미이다.

둘째, 블록놀이로 문제 해결력을 키워보자.

아이들은 손을 움직이는 것보다 손가락을 움직일 때 두뇌를 더 많이 사용한다. 손의 움직임도 대뇌피질을 사용하기는 하지만 하위 뇌의 사용이 많기 때문이다. 그러나 손가락의 움직임은 하위 뇌를 거의 사용하지 않고 상위 뇌인 대뇌피질을 사용하기 때문에 집중력과 기억력을 담당하는 대뇌피질의 활성화를 가져와 아이큐 높은 아이를 만드는 데 일조하는 것이다.

더구나 손가락에서 비롯되는 촉각은 뉴런의 분포가 촘촘하기 때문에 입체감이나 공간 지각 능력을 발달시킨다. 이런 점에서 손의 움직임보다는 손가락의 움직임이 더 중요하고, 전뇌를 발달시키기 위해 양손놀이를 강조하는 교육을 많이 하고 있다.

손가락을 많이 사용하는 대표적인 장난감은 레고 블록과 프라모델이다. 레고 블록이나 프라모델을 조립하면 감각연합 영역의 뇌를 발달시켜 연상력과 협응력이 증가한다.

소근육 운동은 기억력을 향상시킨다. 최근 연구에 따르면 소근육 운동은 기억해내기 힘든 단어를 상기하는 데 도움을 준다.

또 이런 블록놀이를 하면 수학적인 사고력의 바탕이 되는 사물의 형상을 이해하게 된다. 블록은 자신의 생각을 구체물로 즉각적으로 실현해서 만들어내고, 무한하게 변화시킬 수 있기 때문에 문제 해결력과 창의력 향상에 도움이 되는 것이다.

## ⦂ 조기교육으로 성공한 아이와 실패한 아이의 차이는 내적 동기

셋째, 오감 체험으로 자기 주도적인 탐색을 하게 하자.

독일의 발도르프 학교에서는 자연 체험을 매우 중요하게 생각하고 헝겊으로 인형을 만들면서 놀게 한다. 이런 놀이는 시공간 감각을 키우는 데 아주 좋다.

특히 취학 전의 아이들에게는 자기 주도적인 탐색과 놀이가 중요한데, 이런 놀이는 자연 친화적인 활동이기 때문에 더 큰 효과를 얻을 수 있다. 즉, 아이의 뇌는 언제나 새롭고 놀랍고 끌리는 것에 즉각적이고 민감하게 반응한다.

따라서 아이는 흙 속에서 놀며 옷이 지저분해진다거나, 놀이기구를 통한 모험을 하며 넘어지거나 실수하고 울기도 하면서 전체적으로 오감 체험을 하는 게 중요하다. 몸의 전체 체험을 위해서는 요리나 청소 등 가정의 일상에도 아이를 참여하게 하면 효과는 더 좋다.

자연 체험은 전체 체험의 핵심이라고 할 수 있다. 자연은 인간이 들을 수 없고 볼 수 없는 범위의 소리와 색으로 아이의 뇌를 자극하기 때문에 그 어떤 디지털미디어를 통한 자극보다 훨씬 고도의 감각을 느낄 수 있게 한다. 이렇게 이루어지는 공감각은 인공지능과 로봇이 따라갈 수 없는 영역이며 창의력의 바탕이 된다.

넷째, 아이가 좋아하고 잘하는 분야에 빠지게 해보자.

많은 부모들은 머리가 좋은 아이를 낳아 키우고 싶다고 생각한다. 또한 남보다 머리가 좋은 아이를 더 잘 키우고 싶어 하며, 아이의 여러 가지 재능을 균형 있게 키워야 한다는 '영재 신화'도 가지고 있다.

하지만 부모의 바람이나 희망처럼 아이가 자라주지 않는다는 것을 모르는 부모는 없을 것이다. 그렇다. 세상에서 가장 자기 마음대로 할 수 없는 일 중 하나가 자식 교육이다.

아이를 이것저것 다 잘하는 만능으로 키우겠다고 어떤 부모는 컴퓨터에 재능 있는 내성적인 아이를 컴퓨터가 아닌 다른 것, 예를 들면 아이가 끔찍하게 싫어하는 운동에 관심을 갖게 하려고 노력한다. 그런가 하면 죽어도 싫어하는 공부로 우등생을 만들기 위해 아이를 달달 볶는 부모도 있다. 아이가 꼭 좋아하는 것만 하고 살 수는 없지만, 그렇다고 싫어하는 것을 강제로 시킨다고 영재아가 될 리는 만무하다.

영재 전문가 모임은 어려서부터 한 분야에 엄청난 시간을 쏟아부으며 노력하는 것이 그 아이가 어른이 되어서도 성공하는 비결이라는 연구를 발표했다. 단, 아이가 좋아하는 혹은 관심이 가는 무엇을 하겠다고 결정하는 사람은 그 아이 자신이어야 한다. 왜냐하면 더 높은 수준에 도달하려면 끊임없이 강도 높은 연습에 몰입해야 하는데, 아이가 억지로 그것을 하도록 만들 수는 없기 때문이다.

조기교육으로 성공한 아이와 실패한 아이의 차이는 내적 동기이다. 그러니 아이에게 무엇인가를 시키고 싶다면 그것을 하고 싶은 동기를 우선 키워주는 것이 중요하다. 현재 우리나라의 조기교육은 아이의 동기를 전혀 고려하지 않는다는 것이 가장 큰 문제로 지적되고 있다.


## : 뇌의 휴식과 즐거움이 아이의 회복탄력성을 키운다

다섯째, 회복탄력성을 위해 멈추는 법을 배우자.

아주 어린 나이에 특정 스포츠만을 집중적으로 배우는 영재아가 있는데, 이런 체육 영재아 대부분이 스트레스성 골절과 무릎 파열, 허리 디스크 등의 질병을 앓고 있다. 그 분야에서는 비교적 흔한 현상이라고도 하는데, 힘든 운동을 억지로 시킨다면 어린아이의 몸이 견뎌낼 재간이 없다.

또한 자기가 무엇을 원하는지 미처 알기도 전에 어떤 한 분야에 너무 깊이 빠져들면 자기가 원하지 않는 일을 해야만 하는 불행을 겪을 수도 있다. 부모의 강요 등 외부적인 요인으로 생각지도 못하게 너무 일찍 진로가 결정되면, 아이의 재능이나 생각과는 동떨어진 엉뚱한 길로 들어설 위험성도 크다.

따라서 부모는 아이의 흥미와 장점을 재능으로 발전시켜 평생 그 일을 하게 할 것인가, 아니면 그냥 취미로 즐기게 할 것인가를 고민해야 한다. 아이가 정말 원하는 일이고 잘하는 일이라고 해도 아이의 미래를 더 깊이 생각해야 하기 때문이다.

　열정의 대상을 지적 활동에서만 찾지 말고, 다양한 아이큐를 사용하는 활동으로 확장해서 균형을 찾도록 하는 것은 뇌의 휴식과 아이의 즐거움을 찾기 위한 것이다. 회복탄력성을 위해서는 적당히 활동하는 법, 적어도 잠시 동안만이라도 멈추는 법을 배울 필요가 있다. 그래야 창의력이 더 커진다.


　여섯째, 뇌가 쉬는 시간을 가지게 하자.

　아이들의 스트레스는 대부분 부모들의 성급한 재촉에서 비롯된다. 아이의 재능을 빨리 발견해야 한다는 부모의 다급한 마음이 아이의 뇌에 과부하를 주는 것이다.

　인간의 작업기억은 한계가 있기 때문에 한꺼번에 일곱 가지 이상의 정보를 저장하기 어렵다. 그런데 그 이상의 정보를 저장하도록 주변에서 재촉과 강요를 받으면 뇌에 과부하가 일어나서 멍한 상태가 되어버린다. 뇌는 휴식을 통해 정보와 경험을 정리하고 기억을 축적하는 숙고의 시간을 보내야 하는데 그럴 시간이 없어져버리기 때문이다.

　그런데 실제로 뇌가 휴식하는, 즉 멍 때리는 순간에 활성화되는 부위가 있다. 멍 때리는 부위는 내측측두엽, 내측전두엽, 후대상피질 등 일명 DMN(Default Mode Network)이라 불리는 부위인데, 쉽게 말해서 뇌를 쉬게 하는 기능을 한다.

그래서 뇌는 주어지는 자극이 없으면 멍을 때리며 휴식을 취하다가, 뭔가 할 일이 생기면 DMN의 활동을 억제하고 할 일에 필요한 뇌 부위를 활성화한다.

**뇌박사의 영재 솔루션**

### 멍 때리기를 잘하는 K양의 뇌는 휴식 중

멍 때리기 대회에서 3시간 동안 멍을 때려 1등을 차지한 K양은 다재다능한 영재아이다. 9세인 K양은 예체능 쪽에 재능이 있는데, 여러 분야에서 재능을 발휘하다 보니 K양의 엄마는 아이의 재능을 더 알아보기 위해 다양한 분야로 교육을 시키는 중이었다.

K양은 가야금 학원에 다니는데 예중과 예고 학생들이 다루는 곡을 연주하고 있다. 운동도 잘해서 발레는 물론 태권도도 2품이다. 그뿐인가. 첼로도 켜고 판소리까지 한다. 교육학을 전공한 K양의 엄마는 만들어지는 영재아에 나름대로 확신을 가지고 있다.

K양은 총 6개의 학원을 다니면서 짬짬이 쉬는 와중에 멍 때리는 습관이 생겼다. 사실 멍 때리기는 시간 낭비가 아니라 뇌를 정리하고 휴식하는 시간이다. 실제로 워런 버핏, 뉴턴, 잭 웰치 같은 유명인들도 평소에 멍 때리기를 즐긴다고 알려져 있다.

K양의 멍 때리기로 걱정이 컸던 어머니는 혹시 결신발작(일상생활

중 갑자기 5~20초 정도의 짧은 시간에 행동을 멈추거나 멍한 표정을 짓는 것)과 같은 뇌전증이 아닐까 걱정하며 진료를 의뢰해왔다. 그래서 뇌파 검사를 실시했는데, 가야금을 연주하다가도 멍을 때린다고 해서 가야금을 연주할 때와 멍을 때릴 때의 뇌파까지 다양한 검사를 했다.

다행스럽게도 K양이 멍을 때린 것은 부적응이 아니라 뇌가 휴식을 취하고 다시 집중하기 위한 시간이었다. 즉, K양이 멍을 때릴 때는 뇌의 알파파가 전두엽에서 활성화된 것이다.

### 영재 솔루션

많은 영재아가 그렇듯이 K양도 엄마를 기쁘게 하려고 더욱 열심히 악기 연습을 했다. 그래서 멍 때리기라는 돌파구를 마련한 것이다.

음악과 미술 등 예체능은 억지로 연습해서 익힐 수 있는 것이 아니다. 더 많이 연습한다고 해서 천재적인 무엇인가가 나오는 게 아니기 때문에 강요해서도 안 된다. 오히려 아이가 그런 강요로 스트레스를 받게 되면 원하지 않는 정신적, 신체적 질병을 유발할 수도 있다.

흔히 세계적인 예술의 대가들이 매우 어릴 적부터 예능 교육을 받았다는 사실에 자극받고 아이들의 재능을 좀 더 빨리 꽃피우고 싶어 하는 부모도 많아졌는데 자제해야 한다. 예술은 우뇌를 발달시키지만 전문적으로 그 길을 가는 경우에는 우뇌보다 좌뇌의 작동이 더 중요하다는 사실을 알아야 한다. 그러니 예능 쪽은 아이가 스스로 좋아서 매진하는 것이 가장 바람직하다.

**Chapter 3**

# 부모가 알아야 할
# 아이의 뇌

# 01 아이의 뇌는 3층으로 이루어져 있다

**• 뇌는 대뇌피질, 변연계, 뇌줄기라는 3층의 케이크로 구성**

뇌의 결정적 시기는 언어뿐 아니라 논리 수학, 공간 지각, 감정 등에도 모두 적용된다고 할 수 있다. 뇌의 발달은 36개월에 최고 수준이 되고, 평생을 통해 보면 초등학교에 들어가기 전까지 거의 완성된다. 아이는 이 시기에 자신의 감정에 대한 기초나 사회성 등 대인관계 능력의 기본을 마련한다.

어떤 기능이 적절하게 발달하기 위해서는 이 감수성기 동안 해당 자극에 노출돼야 하며, 이 시기를 놓치면 기능의 발달이 지연되거나 왜곡될 수 있다.

뇌는 3층의 케이크처럼 대뇌피질, 변연계, 뇌줄기로 이루어져 있다. 1층은 뇌의 가장 안쪽에 있는 본능의 뇌로 수면(각성), 체온, 호흡, 식욕, 성욕 등 생명과 관련된 기능을 하는 곳이다. 2층은 뇌의 중간층에 있는 감정의 뇌로 감정, 기억, 의욕과 관련된 기능을 하는 변연계가 있다. 변연계는 감정을 다루는 편도체, 단기기억을 장기기억으로 바꿔주는 해마, 의욕을 일으키는 측좌핵 등으로 구성되어 있다.

뇌의 가장 겉면에 해당하는 3층은 이성의 뇌라고 하는데, 이곳에서는 이성, 지성뿐 아니라 갈등, 행복 등 인간의 고등 감정을 조절한다.

아이의 뇌는 안쪽, 즉 하위층부터 발달하고 하위층의 발달이나 요구가 안정적으로 이루어져야 그 위층의 발달도 무난하게 이루어지는 특징이 있다. 3층의 이성의 뇌가 가장 고차원적이고 인간다운 뇌라고 할 수 있다.

가장 아래에 해당되고 생리적인 욕구를 담당하는 뇌줄기의 기능이 안정화되고, 정서를 담당하는 2층 변연계의 기능이 안정적으로 이뤄져야, 이성과 판단력 등을 담당하는 3층 대뇌피질의 기능이 정상적으로 활성화된다.

아이에게 동기를 부여하려면 본능의 뇌의 기능인 생리적인 욕구와 안전에 대한 욕구가 충족되어야 한다. 즉, 본능의 뇌가 충족되어야 비로소 감정의 뇌가 열린다. 감정의 뇌에서 중요한 것은 긍정성과 자기조절력이다. 아이에게 긍정성과 자기조절력이 생겨 감정의 뇌가 충족되면 비로소 집중력과 기억력의 뇌인 이성의 뇌가 열린다.

## • 본능의 뇌 – 뇌줄기는 생명을 유지하는 기능을 한다

가장 원시적인 수준인 뇌줄기는 생명을 유지하는 기능을 한다. 호흡중추, 심장박동중추, 체온조절중추, 수면중추 등이 포함된다. 즉, 의지의 지배를 받지 않고, 자율적으로 끊임없이 생명을 유지하기 위한 기능을 수행한다. 그리고 위치도 뇌에서 가장 깊숙이 자리 잡아 최고의 안전을 보장받는 셈이다. 뇌의 기능에서도 무엇보다 생명 보존이 최우선이라는 배려이다.

위협적인 환경에 처하면 뇌는 생명을 지키기 위하여 총력을 기울인다. 따라서 본능의 뇌를 만족시키려면 생리적인 욕구와 안전의 욕구를 충족시켜야 한다. 예를 들어 아이가 공부하다가 화장실에 가고 싶다거나, 방이 덥다거나, 배가 고프다거나, 목이 마르고 방을 나오는 것은 생리적인 욕구 충족을 위한 행동이다. 욕구 충족이 되어야만 아이는 하던 공부나 숙제 등을 하나의 도전 과제로 인식하고 움직일 수 있다.

영재아는 에너지 레벨이 높아서 더 자주 간식을 찾기도 한다. 아이는 신체적으로든 정신적으로든 자신이 안전하지 않다고 느끼면, 안전을 확보하고 방어할 수 있는 위치의 선점을 최우선으로 삼는다. 자신이 공격당할 수 있고 위험에 노출돼 있거나 혼자라고 느낄 때, 고차원의 수학 문제에 집중한다는 것은 누구에게나 어려운 일이기 때문이다.

또한 그림책을 잘 읽어주는 낯선 동화 구연가보다 서툴러도 자신을 사랑하는 엄마가 읽어주는 그림책이 아이의 머리에 쏙쏙 들어가는 것도 안전 욕구가 충족된 상태라서 가능하다. 특히 영재아는 감수성이 예민해서 자신이 처한 위험을 더 자각하기 때문에 다양하고 강력한 두려움을 표현하는 경우가 대부분이다.


## ● 감정의 뇌 – 변연계는 즐거움, 쾌감, 분노, 불쾌감 등 감정을 표현

진화론적으로 변연계는 오래된 구조로 포유류부터 존재한다. 변연계는 먹는 즐거움, 경쟁에서 싸워 이기는 것, 사랑 등을 통하여 쾌감을 준다. 반대로 방해를 받으면 분노, 우울, 공포 등 불쾌감이 나타난다. 변연계는 적군과 아군을 구분하여 긍정적인 정보는 이성의 뇌로 대부분 보내지만, 부정적인 정보는 이성의 뇌로 거의 보내지 않는다. 보다 고차원의 뇌를 지키기 위한 일종의 문지기 역할을 하고 있는 것이다.

만일 아이가 흥분해 있거나 감정에 휘둘리면 이성의 뇌가 기능을 하지 못한다. 때문에 아이가 흥분해 있을 때는 야단을 치거나 잔소리를 하기보다 따뜻한 스킨십이나 다정한 말로 아이의 감정을 가라앉혀야 비로소 이성의 뇌가 열린다.

3세부터는 자신의 감정을 조절할 수 있는 자기조절력을 키워줄 필요가 있다. 방법은 유아기에 하는 1-3-10법칙이 대표적이다. 먼저 아이가 흥분해 있거나 격앙되어 있을 때, '잠깐'이라고 말해 관심을 돌린 후 '3번의 복식호흡'을 시켜 감정을 누그러뜨린다. 그리고 숫자를 셀 줄 아는 아이는 '10까지 세기'를 하면서 정서의 뇌를 안정화하고 그런 다음 이성의 뇌를 활성화할 수 있다. 따라서 감정의 뇌를 만족시키려면 긍정성과 감정 조절이 중요하다는 사실을 명심하자.

### ⁞ 이성의 뇌 – 뇌의 가장 상층부에 위치하는 대뇌피질

이성의 뇌는 뇌의 가장 상층부에 위치하는 대뇌피질로 이성, 지성뿐 아니라 문제 해결력, 실행력, 창의력을 담당하고 갈등, 행복 등 고등 감정을 조절한다. 그중 뇌의 진화 과정에서 가장 최근에 발달한 구조는 전두엽이다.

인간은 어떤 동물과도 비교할 수 없을 만큼 전두엽이 아주 잘 발달한 결과, 포유동물 가운데 최상위층인 '생각하는 동물', '사회적 동물'이 되었다. 이성의 뇌는 본능의 뇌와 감정의 뇌가 만족스러울 때 비로소 활발하게 기능한다.

이성의 뇌인 대뇌피질은 위치에 따라 전두엽, 측두엽, 두정엽, 후두엽으로 나뉜다. 후두엽은 주로 시각을 인지하고, 측두엽은 청각 및 언어적 자극을 모으고 처리한다. 두정엽은 측두엽과 함께 눈, 코, 입, 귀 등에서 지각하는 여러 자극을 모으는 역할을 하는데 특히 공간 지각과 관련이 있고, 수학과 과학을 담당한다. 이렇게 모아진 정보를 전두엽에서 받아서 분석하고 판단하며 문제 해결을 하는데, 이렇게 내려진 명령은 전두엽과 두정엽의 경계 부분에 있는 운동신경 영역으로 전달되어 행동하게 한다.

## 02  스킨십과 감정 교류로 전두엽이 발달한다

**⦂ 뇌의 맨 앞에 있는 전두엽은 사고력과 창의력을 담당한다**

전두엽은 뇌의 맨 앞부분에 있으며 대뇌피질에서 가장 넓은 부분을 차지하고 있다. 사고와 판단, 기억과 집중력, 실행과 창의력 같은 고차원적인 기능을 담당한다. 영유아기부터 사춘기에 이르기까지 지속적으로 발달하며, 20세 무렵이 되면 성장세가 안정기에 접어들지만 25세까지 발달이 지속된다.

자라나는 아이의 전두엽은 유연하기 때문에 대상을 조작하는 활동은 아이의 사고력에 많은 영향을 미친다. 동시에 아이는 자신이 알려고 하는 대상에 대해 적극적으로 반응하고 행동하는 가운데 대상을 보다 정확하게 이해할 수 있고 사고력이 강화된다.

아이의 사고력은 한계가 있지만 결코 고정적이지 않으며, 상황과 경험에 따라 놀라울 정도로 유연성과 역동성을 가진다.

아이는 언어와 이미지 능력이 발달해서, 비록 눈앞에 보이지 않는 대상이라도 머릿속에 생각해내거나 관련짓는 등의 정신적 작용이 가능하다. 또한 직관적인 사고가 가능해서 자기만의 엉뚱한 생각으로 이어지기 쉽고 현실의 경계를 뛰어넘을 수도 있다. 물론 아이의 이런 태도는 상상이 이루어지는 출발점이다. 책을 읽거나, 음악을 듣거나, 노래를 부르거나, 악기를 연주하거나, 운동을 하거나, 요리를 하거나, 평소 다니지 않던 길로 가거나, 낯선 곳으로 여행을 떠나거나, 새로운 과제에 도전하거나, 다른 아이들을 만나는 것만으로도 생각하는 뇌는 발달한다.

도파민의 활성화를 도우려면 새로운 것들을 보여주고 재밌게 가르쳐주는 게 중요하다. 또한 도전할 만한 과제를 주고 격려하면 전두엽이 활성화되어 실행력이 높아질 것이다.

전두엽에서 가장 넓은 부위는 전전두엽인데, 몸 안팎의 감각계에서 오는 정보를 종합하여 판단한다. 계획하기, 주의집중력, 의사 결정, 문제 해결력, 실행력, 창의력 등 고차원적인 기능은 모두 여기에서 이루어진다.

ADHD(주의력결핍 과잉행동장애)도 전전두엽에 문제가 있는 경우이다. 전전두엽은 익숙한 과제보다 새롭고 도전적인 과제를 더 좋아한다. 따라서 우뇌와 전두엽의 발달을 촉진하려면 평소 아이의 호기심을 유발하는 상호작용과 놀이가 필요하다. 생후 8개월 무렵에 전전두엽의 활동이 크게 증가하는데, 이때 정서 발달이 같이 진행되기 때문에 신경 써야 한다. 따라서 정서를 발달시키는 스킨십과 감정적 교류는 아이의 전두엽을 발달시키는 기초가 된다. 12개월 전후로 양육자와의 애착이 아기에게 특히 중요한 것도 이런 이유이다.

전두엽은 초기 25~36개월 사이에 급속도로 발달하는데, 결정적인 도약은 만 6세 전후에 일어난다. 만 6세가 되면 전두엽의 성숙 덕분에 산만한 행동을 억제하는 능력이 생기고, 스스로 목적 지향적인 태도를 가지게 된다.


### ⋮ 측두엽 – 청각, 언어 등 오감 자극의 통합과 통찰력을 담당한다

측두엽은 소리를 듣고, 언어를 이해하고 해석하며, 다양한 청각 자극과 오감 자극을 통합한다. 그 외 직관력, 통찰력, 신비한 영적 체험 등과도 관련이 있다.

생후 3~4개월에 청각 발달과 연관된 측두엽에서 시냅스 증가와 수초화가 매우 활발하게 이루어지고 생후 12개월까지 지속된다. 출생 후 12개월 동안의 청각 발달은 언어 발달의 기반이 되므로 이 무렵에는 아이의 청각 자극에 특히 신경 써야 한다.

실제로 어린 시절 언어중추가 손상될 경우, 뇌의 반대쪽 부위가 언어 기능을 대신하는 뇌 신경회로의 재조직화가 일어난다. 이는 인간의 뇌는 고정된 하드웨어가 아니라, 환경 변화에 따라서 신경회로의 연결을 스스로 바꿀 수 있다는 사실을 보여주는 대표적인 예이다. 그러나 성인이 된 후 언어중추에 손상을 입으면 말을 영원히 할 수 없게 된다. 즉, 아이의 뇌만 처한 환경과 노력에 따라 특정한 방향으로 변할 수 있다는 의미이다.

## ⦂ 수학적 추상력을 담당하는 두정엽, 공간기억력을 담당하는 후두엽

두정엽은 몸의 감각을 감지하고 공간을 이해하며 수학적인 추상력을 담당한다. 두정엽의 앞부분은 체감각피질 영역인데, 피부의 촉각과 통각, 압력, 온도, 몸의 위치 등에 대한 정보를 받아들인다. 만일 피부감각을 잘 느끼지 못하거나 공간에서 위치감각이 부족하다면 두정엽의 발달에 문제가 있는 것이다.

두정엽을 발달시키려면 형태를 가진 물체를 이용해서 수를 세게하거나, 레고와 같은 블록놀이를 통해 공간감각을 키워주면 좋다. 일반적으로 두정엽은 남아가 여아에 비해 더 발달되어 있다.

뇌의 뒷부분에 위치한 후두엽은 주로 시각 처리를 하며 공간기억력을 담당한다. 생후 3~4개월 무렵부터 12개월까지 특히 활발하게 발달한다.

후두엽을 발달시키려면 아이에게 적절한 시각 자극을 주는 것이 중요하다. 아이와 놀이를 할 때 말과 함께 그림이나 간단한 그래프를 이용해서 기억력을 높이면 효과적이다.

# 아이의 오감 자극으로
## 절차기억을 키운다

03

---

### 운동 기술과 몸의 움직임을 무의식적으로 기억하는 절차기억

기억에는 일화기억과 절차기억이 있다. 일화기억은 언제 어디서 무엇을 어떻게 했다는 내용에 대한 기억이고, 절차기억은 자전거 타기와 같이 말로 설명하기는 어렵지만 뇌가 어떻게 하는지를 기억하는 것을 말한다.

예를 들자면 "지난 어린이날에 뭐 했어?", "생일날 있었던 일 알지?"라고 물어보면 누구나 일화기억을 이용하여 쉽게 대답할 수 있다. 일화기억은 생활에서 경험한 내용을 기억하는 것이기 때문에 의식적으로 노력하지 않아도 기억한다. 심지어 자질구레한 내용까지도 모두 기억한다. 그래서 일상생활의 여러 체험이 바로 중요한 기억이기도 하다.

다만 일화기억은 이름, 숫자, 날짜, 팩트를 기억하는 의미기억과는 다른 뇌 영역에서 처리한다. 또한 의식하지 못하고 배우는 운동 기술과 몸의 움직임을 기억하는 절차기억은 뇌의 깊숙한 곳에서 처리하는데, 이런 무의식적인 기억은 생후 3개월만 되어도 기능한다. 아기들이 가르쳐주지 않아도 장난감을 어떻게 잡아야 움직이는지 아는 것, 기어가기, 일어서기와 걷기도 이런 절차기억의 하나이다.

## ● 체험과 경험으로 익힌 절차기억은 오래 유지한다

그렇다면 이런 무의식적인 기억, 즉 절차기억을 키우려면 어떻게 해야 할까?

첫째, 오감을 이용하면 좋다. 아이는 감각적인 자극을 보다 잘 기억하기 때문이다. 특히 두 가지 이상의 감각적인 자극을 동시에 받으면 더 정확하게 기억한다. 춤을 추면서 노래를 부르면 노래만 부르는 것보다 더 오래 자세히 기억하는 이치와 같다.

둘째, 체험과 경험으로 기억하게 하면 좋다. 혼자서 뭔가를 배우기보다 부모나 교사의 이야기를 듣고 배우는 것이 더 효과적이며,

또래 친구에게 아는 것을 설명하게 하는 것도 효과적이다. 아이에게 추억이 되는 동영상이나 사진을 보여주고 설명하며 이야기를 나누면 의식하지 않고 저장했던 기억이 떠올라 기억을 더욱 또렷하고 완전하게 해준다.

셋째, 경험을 습관화하는 것도 도움이 된다. 일상적인 경험도 규칙적으로 하면 기억력을 향상시킨다. 즉, 매일 아침 8시에 일어나서 양치질을 하고, 오전 10시에는 블록놀이를 하고, 오후 4시에는 산책을 나가고, 오후 9시에는 잠자리에서 책을 읽어준다는 순서로 일상을 반복하면서 아이가 다음 날 어떤 일이 일어날지를 예상할 수 있게 하는 것이다. 심부름도 정기적으로 시켜서 반복하면 아이가 일부러 의식하지 않고도 기억하게 된다.

넷째, 몸으로 익히게 하는 것도 큰 도움이 될 수 있다. 특히 소근육 운동을 통한 학습은 절차기억이라서 체험을 통해 익히는 것이 좋다. 또한 소뇌를 이용하여 익힌 것은 오래간다. 어릴 때 자전거를 배운 아이가 어른이 돼서도 자전거를 잘 타는 것도 소뇌를 이용해 익혔기 때문이다.

다섯째, 스토리로 기억하는 것도 좋다. 일반적으로 주변 환경과 일상생활에 대한 기억을 가지면 주변 환경의 변화에 따라 흥미 있는 스토리가 생긴다. 즉, 아이에게 새로운 변화를 느끼게 하면 자극도 받고 이야기도 만들어진다. 하지만 너무 급격한 변화는 아이에게 스트레스만 줄 수 있으므로 장난감, 모빌 등 단순한 것부터 조금씩 바꾸면서 흥미를 유발하는 것이 좋다. 또한 매일 다니던 길이나 장소를 바꾸는 것도 기억력 향상에 도움이 된다. 그림책도 혼자 읽기보다 부모가 읽어주면 책을 이해하는 데 5배 이상 효과가 있는 것도 부모의 설명이 곁들여져 일화기억을 작동시키면서 나름대로 스토리를 만들기 때문이다.

여섯째, 충분한 수면으로 해마를 활성화해야 한다. 흔히 잠을 의지로 조절할 수 있다고 믿지만 실상은 그렇지 않다. 사람에게 필요한 수면의 양은 정해져 있고, 이것을 채우기 위해 두뇌는 끊임없이 자려고 한다.

즉, 잠은 의지만으로 줄일 수 있는 것이 아니라 철저하게 생체리듬에 따르는 행위이다. 물론 잠은 개인 차이가 커서 6시간만 자도 몸이 상쾌한 나폴레옹형 아이가 있는가 하면 , 10시간 이상 자야만 하는 아인슈타인형 아이도 있다.

또 수면에는 기억을 체계화하고 조직화하는 해마가 작동하는 렘수면이 있는데, 수면이 부족하면 이 렘수면이 줄어든다. 그런데 영재아는 렘수면의 단계가 일반 아이들보다 더 길다는 사실에 유의하자.

# 아이의 작업기억은 전두엽에서 통제한다

**04**

**⁚ 작업기억은 생각이나 상황을 빨리 정리하고 집중하는 능력**

작업기억은 컴퓨터의 CPU(중앙처리장치, 컴퓨터의 두뇌)와 같은데, 생각이나 상황을 빨리 정리하고 집중하는 능력이다. 말하기와 글 읽기는 물론 모든 숫자 계산까지 두뇌 활동과 연결되어 있는 기억이다.

아이의 아이큐를 좌우하는 요인 중 하나는 어휘력과 배경 지식이다. 또한 아이의 작업기억이 발달하려면 인지적 유연성과 작업기억 정보 저장 능력이 좋아야 한다.

인지적 유연성은 어떤 시도에 실패했을 때 목표를 달성하기 위해 대안을 찾거나, 수영장 부근에서는 뛰어다니지 않는 것처럼 상황에 맞게 행동을 조정하는 능력을 말한다. 예를 들어 이미 시도한 적이 있는 퍼즐을 맞출 때 다시 그 해결책을 떠올리는 것이다. 커서는 수학 문제를 풀 때 배경 지식으로 저장된 구구단을 꺼내 적용하는 것이 작업기억이다.

작업기억은 아이가 보통 말을 시작하기 전에 형성되기 때문에 말을 못 할 때부터 이미 발달한다고 본다. 물론 말을 하기 시작하면 작업기억의 양이 훨씬 많아지는데, 아이들이 정보를 되살릴 때 시각적인 이미지와 말을 동시에 끌어올 수 있기 때문이다.

아이들은 작업기억을 쓸 때 전두엽에만 의존하는 경향이 있어서 어릴수록 작업기억의 능력을 제대로 발휘하지 못하기도 한다. 따라서 어린아이들과 과제를 할 때는 아이가 집중할 수 있도록 내용을 짧게 구성하고, 활동 하나에 한두 가지의 지시 사항만 이야기하는 게 좋다. 어린아이들은 대체로 작업기억이 부족해서 복잡한 상황이나 지시를 잘 이해하지 못할 뿐 아니라 세 가지 이상의 과정은 잘 기억하지 못하기 때문이다.

학교에 다니는 아이들은 어린아이들에 비해 훨씬 더 많은 양의 작업기억을 수행한다. 학교의 숙제는 물론 선생님의 여러 가지 지시 등에 대해서 대처할 일이 많고 기억해야 할 것도 많기 때문이다.

작업기억이 발달한 아이들은 정보를 좀 더 효율적으로 처리해 외부의 자극에 더 빨리 반응하고, 또 어떤 문제를 해결할 때도 뇌의 활동을 덜 필요로 한다. 이런 아이들은 집중력이 뛰어나서 여간한 일이 아니면 집중력이 흩어지지도 않는다. 일시적으로 주의를 다른 데

돌리고 나서 다시 하던 작업으로 돌아올 때도 자기 자리를 빨리 되찾는다.

반면 작업기억이 부족한 아이들은 뭔가를 할 때 집중력이 떨어지고 느리다. 작업기억을 발달시키고 키우려면 무엇보다 아이에게서 스트레스의 요소를 없애야 한다. 작업기억을 가장 방해하는 것이 스트레스이기 때문이다.

### 사실기억과 공간기억을 키우려면 독서가 가장 효율적이다

작업기억은 대부분 집중력을 유지하는 전두엽에서 통제한다. 또한 해마는 작업기억에 있는 정보를 장기 저장소로 보내고 학습을 강화하는 데 중요한 역할을 한다. 이런 기억 과정은 개인에 따라 수일에서 수개월이 걸리기도 한다.

작업기억을 잘 발휘하려면 전전두피질과 전대상피질이 활성화되어야 한다. 전전두피질은 다른 뇌 영역들을 활성화하거나 억제함으로써 목적을 위해 행동을 이끌어낸다. 그리고 전대상피질은 인지적 통제가 요구되는 작업에서 일어나는 실수를 감시하거나 찾아내는 역할을 하며, 여러 가지 정보 중에서 최종 결정을 내릴 때 활성화한다. 또한 전대상피질은 안와전두피질, 해마, 편도체와 연결되어 감정을 제어하기도 한다. 그 외 두정엽은 시공간 작업기억과 관련이 있으며, 측두엽은 언어 작업기억과 관련이 있다.

작업기억이 뛰어난 아이는 아이디어를 기억 속에 저장해두고, 과제를 하는 동안 문제를 분석하고 문제 해결을 위하여 새로운 아이디어를 냄으로써 창의력을 발휘한다. 따라서 뇌의 유연성을 떨어뜨리는 암기 학습과는 다르다.

사실기억과 공간기억을 키우려면 독서가 가장 좋다. 그림책을 통해서 배경 지식이 늘어나면 독서에 필요한 뇌의 에너지가 현저하게 줄어들기 때문에 자연스럽게 새로운 정보를 얻는 데 더 집중할 수 있다.

아이가 그림책에 집중하면 전뇌기저부(basal forebrain, 전두엽 아래 깊은 곳)가 새로운 정보를 기억하고 학습해 뇌를 변화시킨다. 이때 주의를 집중시키는 신경전달물질인 아세틸콜린이 신경 말단에서 생산되기도 한다. 더구나 4~7세 유아들은 특별히 주의집중력을 기울이지 않고도 수많은 정보를 흡수할 수 있도록 해주는 물질인 뇌성장인자(BDNF)가 활성화되어 전뇌기저부를 자극한다. 따라서 이 시기의 아이들은 일부러 주의를 기울이지 않아도 그림책을 사진 찍듯이 통째로 외워버릴 수 있다. 취학 전 언어영재아가 많은 것도 그런 이유이다.

보통 아이는 분당 50~60단어 정도는 읽을 수 있어야 중간에 포기하지 않고 독서를 할 수 있다. 또한 연구에 따르면 아이의 독서력이 늘면서 분당 500단어 정도까지 읽어야 글자를 의식하지 않고 의미와 내용에 집중할 수 있다.

만일 아이가 유창하게 글을 읽고 풍부한 배경 지식을 갖게 되면 작업기억을 보다 효율적으로 활용할 수 있다. 그래서 읽자마자 이해할 수 있는 단어들이 늘어나면 단어를 자동적으로 외우게 된다. 그리고 작업기억을 적게 사용하기 때문에 충분히 확보한 작업기억을 이용해서 생각하고 추론하며 감정이나 경험적 지식까지도 통합할 수 있게 된다.


### ⦂ 모든 학습은 공간기억에 저장될 때 잘 이해하고 오래 기억된다

6주 된 아기의 침대 위에 밝은 색 모빌을 걸어놓고 아기의 다리와 연결해서 아기가 발을 움직이면 모빌이 움직이도록 했다. 2~4주 후에 다시 모빌을 매달자, 아기는 스스로 발을 움직여서 모빌을 움직이게 만들었다. 이것은 아기가 모빌을 움직이는 방법을 기억하고 있다는 사실을 보여준다. 카메라의 플래시가 터지는 경험을 한 아기가 다음에 카메라를 보고 눈을 깜박이는 것도 아기가 카메라의 모양과 플래시를 연상할 수 있는 기억을 가지고 있기 때문이다.

하지만 보통 우리는 12개월 이전의 아기 때 일어난 일을 전혀 기억하지 못한다. 12개월 이전의 기억은 불완전하게 기억되기 때문에 다시 꺼내는 것이 쉽지 않기 때문이다. 다만 아이의 여러 가지 경험들은 뇌에 물리적, 화학적 흔적을 남긴다. 그리고 이것이 장기기억이 되고 배경 지식이 되는 것이다.

인간의 뇌는 크게 일상 경험을 기억하는 공간기억 체계와 사실이나 기능을 기억하는 사실기억 체계로 나뉘어져 있다. 따라서 단편적으로 다루어지는 사실과 기능을 기억하는 데는 많은 훈련과 연습이 필요하다. 즉, 연결되지 않은 정보를 기억하고 회상하게 하는 것은 비효율적으로 뇌를 활용하는 것이다. 그러나 공간기억 체계는 연습할 필요 없이 경험을 즉시 기억하며 의미를 탐색하게 하는 체계이다.

모든 학습은 공간기억에 저장될 때 가장 잘 이해하고 기억될 수 있다. 즉, 아이가 학습을 할 때 필요한 부분을 장기기억으로 넘기려면 이 공간기억을 잘 활용해야 하며, 배경 지식을 늘리려면 이 두 가지 기억 체계를 잘 이용해야 한다.

# 집중력을 키우는 부모의 올바른 태도

- 놀이 도중에 간섭하지 않는다. 아이가 한창 놀이에 열중하고 있다는 것은 그만큼 집중하고 있다는 증거이므로 그대로 두어야 한다.

- 급한 마음에 잔소리를 하게 되면 아이가 열중했던 일에 대한 흥미나 집중력을 잃게 되므로 느긋하고 여유 있게 아이를 지켜본다.

- 일관성 있는 태도를 지닌다. 부모가 똑같은 일에 대해 화를 냈다가 웃었다가 한다면 아이는 어떤 기준을 따라야 할지 모르고 집중할 수가 없다.

- 아이가 하는 놀이 중에서 제일 좋아하고 더 오래하는 놀이를 찾아서 그것에 몰두하게 한다.

- 부부 사이가 좋아야 한다. 부부 사이에 트러블이 잦으면 아이에게 신경질적이기 쉽다. 이것이 아이에게는 스트레스가 되어서 집중력을 떨어뜨린다.

- 과잉보호, 과잉간섭은 금물이다. 아이가 무엇인가를 하려고 할 때 과잉보호, 과잉간섭, 과잉 기대를 하면 스스로 하고자 하는 아이의 욕구가 줄어든다.

- 부모가 먼저 단정적으로 결론을 내리기보다는 아이가 스스로 판단하고 정리해서 말할 수 있도록 배려해야 집중력이 향상된다.

## Chapter 4

# 영유아기의 두뇌 발달

## 01 엄마의 두뇌태교로 영재아가 태어난다

**: 좋은 태교를 위해서는 부모가 아기의 몸과 뇌를 잘 이해해야 한다**

임신은 많은 부모들에게 기쁨이고 축복이며 큰 희망이다. 또한 요즘은 임신 중의 태교에 관심이 지대하고, 이왕이면 머리가 좋고 똑똑한 아기를 낳고 싶어 한다. 어쩌면 이런 소망은 세상의 모든 부모들이 가지는 본능 같은 것일 수도 있다.

특히 아기를 낳지 않으려는 부부가 점점 늘어나는 와중에 한두 명의 아기를 낳는 것이니, 자신들의 장점만 쏙 빼닮은 똑똑한 아기를 낳고 싶지 않겠는가? 그런 심리에 편승해 임신과 출산에 관련된 비즈니스의 규모도 상당하다. 그렇다면 정말 임신 중의 아기, 즉 태아에게 태교 등을 통해 머리를 좋게 하는 방법이 있는 것일까?

사실 태교는 동서양을 막론하고 시대와 과학을 뛰어넘어 오늘날까지 이어지는 전인적 지혜이다. 우리나라에 기록으로 남겨진 최초의 태교는 세종대왕비였던 소헌 왕후의 태교법이다. 또한 1801년에 양갓집의 태교를 기록한 '태교신기(胎教新記, 사주당 이 씨와 그 아들 유희가 썼음)'가 전해져 내려올 만큼 오래된 전통이다.

왕가에서는 임신한 왕비에게 태아의 뇌 발달을 위해 태교 음악을 듣게 했으며 시와 서예, 그림 등으로 태교를 위한 교육을 했다. 또한 내관들이 왕비의 방 앞에서 사서삼경을 읽었으며 문답식의 글방을 차려 수시로 왕비의 공부 결과를 체크했다. 머리가 좋은 왕자를 낳기 위한 노력이었던 셈이다.

그뿐만 아니라 율곡의 어머니인 신사임당도 훌륭한 왕과 같은 아이를 낳겠다는 마음으로 거의 왕가 수준의 태교를 했다고 알려져 있는데, 정말 소망처럼 조선 100년 스승이라고 추앙받는 대학자 이이를 낳아 키웠다. 또 다른 아들 이우와 딸 이매창도 똑같은 방법의 태교로 낳아 집안의 학문과 자신의 재주를 이어받은 훌륭한 인재로 키워냈다고 전해진다.

이처럼 태교는 미신같이 믿을 수 없는 이야기가 아니라 우리의 오랜 전통과 밀접한 관계를 가지고 있고, 또 최근에는 태아에 미치는 영향과 효과가 과학적으로 증명되고 있다.

좋은 태교를 잘하기 위해서는 우선 부모가 몸과 뇌를 잘 이해해야 한다.

## ● 아기의 뇌 발달은 각 뉴런을 연결하는 '시냅스'의 수와 크기에 비례

태아의 뇌는 세포분열이 왕성하게 이루어지면서 임신 개월 수가 늘수록 모양과 기능이 급격히 변한다. 임신 초기 뉴런은 신경관이 만들어진 직후부터 생성되는데, 1분에 50만 개씩 하루에 7억 2,000만 개의 새로운 뉴런이 만들어진다.

그리고 태뇌는 임신 2개월부터 본격적으로 분화한다. 임신 3개월에 척수의 뉴런은 손과 발의 말단까지 이어지면서 근육과 결합한다. 임신 4개월이 되면 간뇌, 중뇌, 연수 등의 뉴런이 완성되고, 대뇌에서도 부지런히 뉴런이 만들어진다. 4개월이 지나면 약 2,000억 개의 뉴런이 형성되지만, 그중 절반 정도는 성장하는 태뇌의 어떤 영역과도 연결되지 못해 5개월째에 소멸한다.

그러다가 임신 5개월에 접어들면 인간이 평생 가지고 살아가게 되는 1,000억 개의 뉴런이 대부분 만들어진다. 아기는 엄마의 자궁에서 이렇게 만들어진 1,000억 개의 뉴런을  이미 가지고 태어나는 셈이다. 이것이야말로 태교가 얼마나 중요한지를 말해주는 단적인 예이기도 하다.

1,000억 개의 뉴런이 만들어진 후 본격적으로 뇌의 뉴런을 연결하는 가지를 뻗기 시작하는데, 이 가지 뻗기가 바로 시냅스이고, 시냅스는 정보 전달의 핵심적인 역할을 한다. 결국 완성된 뉴런의 연결 가지는 1,000조 개에 육박할 정도로 엄청난 양이다.

또한 뉴런을 따라 이동하는 전기신호는 180cm가 넘는 성인의 머리끝에서 발끝까지 0.2초 만에 전달되는데, 뉴런 하나가 1초에 250개에서 2,500개의 자극을 전달한다. 그런데 이때 물이 중요한 역할을 한다. 뇌는 수분이 부족하면 뉴런의 신호 전달 체계에 효율성이 떨어지게 된다. 그래서 체중 11kg당 물을 한 컵(200ml) 마시는 것이 좋다.

태뇌는 임신 6개월 무렵 무게가 400g 정도에 이르는데, 뇌를 제외한 몸무게는 350g에 불과하다. 머리가 몸집보다 더 큰 셈이다. 이때 귀의 모양도 형성되면서 바깥에서 나는 소리를 들을 수 있는데, 뇌가 제 기능을 하면서 기억할 수 있다는 뜻이다. 그리고 임신 7개월 이후 태아의 기억력은 놀랍도록 크게 발달한다.

### ⁞ 엄마와 태아의 태담으로 아기의 머리를 좋게 만든다

그렇다면 태뇌는 발달하면서 스스로 기능을 하는 동안 학습도 가능한 것일까? 그렇다면 태아의 태교를 통해 영재아로 만들 수 있을지 의문이 생길 것이다.

태뇌는 출생 시까지는 유전자 프로그램에 따라 자동으로 구성이 되는데, 이 프로그램은 외부와의 상호작용에 따라 어떤 환경에서도 안전하게 자랄 수 있도록 탄력적으로 작동한다. 이때 부모가 할 수 있는 가장 중요한 일은 태아와의 상호작용, 즉 교감이다.

건강한 임신부 10명에게 출산하기 한 달 전부터 아름다운 차임벨 소리와 시끄러운 자명종 소리를 준비해 매일 일정한 시간에 자궁 속 태아에게 들려주었다. 이 실험에서 태아는 소리를 들려줄 때마다 심박동이 달라졌는데, 소리에 따라 보이는 반응이 달랐다. 또한 아기가 태어난 후에도 같은 실험을 하고 반응을 살폈더니 아기는 자궁 속에서 보였던 것과 똑같은 심박동 변화를 보였다.

태아는 임신 23주 무렵에 소리를 감지하는데, 외부의 소리로 양수가 파동을 만들고 파동이 태아의 청각을 자극하기 때문에 소리를 듣게 되는 것이다. 최근 연구 발표에 따르면 태아는 외부에서 들려오는 소리 중에서 사람 음성의 30퍼센트 정도를 인식하고 억양도 구별할 수 있다. 특히 엄마의 목소리를 가장 잘 알아듣고 목소리를 바꿔도 구분할 수 있다고 한다. 그만큼 귀를 통한 태아의 기억력이 매우 뛰어나다는 뜻이다. 그래서 태아와의 교감, 즉 태담은 생각보다 훨씬 중요한 의미를 갖는다. 더불어 태담을 통한 태교에도 큰 의미를 부여하고 부모들의 관심이 커지는 추세이다.

태아에게 눈부신 빛을 비추면 손가락을 빨기 시작하고, 주위를 다시 어둡게 하면 손가락을 입에서 뗀다. 눈부시고 강렬한 빛이 태아를 불안하게 한다는 증거이다. 따라서 엄마는 임신 중에 인위적인 빛이 많이 쏟아지는 텔레비전과 발광체를 피하는 게 좋다.

다만 아기가 더 똑똑해진다거나 더 머리가 좋아진다거나 하는 이유로 상업적 프로그램을 통한 태교를 섣불리 하는 일은 신중해야 한다. 태아는 엄마의 배 속에서 이미 중요하고 힘든 과정을 겪으며 성장하는 데다, 외부의 자극을 받아들이는 생체 시스템이 완전하지 않기 때문이다. 따라서 아기의 머리를 좋게 만들고 싶다면 태교를 하되, 엄마와 태아의 태담에 신경 써야 한다. 태담이 태뇌의 발달에 미치는 효과가 어떤 태교보다 더 크기 때문이다.

실제로 미국에서 큰 화제를 불러 모았던 스세딕 부부는 태담과 태교로 딸 넷을 모두 아이큐 160이 넘는 뛰어난 영재아로 키웠다고 알려져 있다. 그런데 평범한 엔지니어 남편과 전업주부였던 이 부부가 영재아를 목표로 특별한 태교 프로그램이나 교육을 한 것은 아니다. 이 부부는 그저 다정한 태담과 숫자, 글자, 도형이 그려진 카드를 활용해서 태교를 하고, 자연을 벗 삼아 산책하며 주변의 모든 것을 이야기하듯이 설명해주었다는 것이다. 그만큼 태담과 태교는 부모의 역할이 중요하고 효과도 크다는 사실을 인정해야 할 것이다.

## 임신 월령별 태아의 두뇌 발달

| | |
|---|---|
| **임신 1개월**<br>(1~4주) | 신경관이 생기고 기본적인 뇌 구조가 형성된다.<br>심장, 혈관, 내장, 근육 등의 조직이 만들어지기 시작한다. |
| **임신 2개월**<br>(5~8주) | 뇌가 급속도로 발달하기 시작한다.<br>신경세포의 80퍼센트 정도가 만들어지고 심장, 간장,<br>위 등의 기관 분화가 시작된다. |
| **임신 3개월**<br>(9~12주) | 뇌 형태가 나타나고 서서히 기억력이 생긴다.<br>신장이 형성되며 피부에 감각이 생긴다.<br>남녀 성 구별도 가능해진다. |
| **임신 4개월**<br>(13~16주) | 시냅스가 1초에 1,800만 개 만들어진다.<br>태반이 완성되고, 뇌에서 기억과 관련된 기관이 생기기<br>시작한다. |
| **임신 5개월**<br>(17~20주) | 뇌가 분화한다. 외부의 소리를 어느 정도 들을 수 있고,<br>뇌는 80퍼센트 이상 발달한다. |
| **임신 6개월**<br>(21~24주) | 외부와 교류하기 시작한다.<br>뼈와 근육이 발달하고 음악 소리에 반응한다. |
| **임신 7개월**<br>(25~28주) | 많은 뉴런이 생성되며, 대뇌 표면에 주름이 생긴다.<br>양수를 마시고 뱉으며, 엄마가 말을 하면 태아의<br>심장 박동이 빨라진다. |
| **임신 8개월**<br>(29~32주) | 단기기억이 형성되기 시작하며, 소리의 강약을 구분한다.<br>청력과 시력이 거의 완성되며,<br>엄마의 기쁨과 슬픔을 알아차린다. |
| **임신 9개월**<br>(33~36주) | 배냇짓을 하고 꿈을 꾼다.<br>폐가 충분히 발달하고 신생아와 비슷한 체형이 되지만<br>조산을 주의해야 한다. |
| **임신 10개월**<br>(37~40주) | 머리를 엄마의 골반쪽으로 두고 나올 준비를 한다.<br>몸은 4등신이 되고 내장 및 신경 기능이 완성된다. |

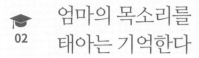

## 엄마의 목소리를 태아는 기억한다

**02**

**⋮ 태아는 엄마의 배 속에서 들은 소리를 거의 본능적으로 기억**

일반적으로 뇌가 발달하면서 보이는 가장 큰 특징은 뇌에 필요한 것을 일단 많이 만들어두고 불필요한 것을 서서히 버리는 방식이다.

또한 앞에서도 언급했지만 어떤 아기라도 자신의 뇌를 형성하기에 충분한 뉴런 덩어리를 똑같이 가지고 태어난다. 그러나 이 뇌는 태어난 후 아기가 성장함에 따라 생성과 소멸을 거듭한다. 단, 뇌 발달에 가장 중요한 뉴런은 다른 세포와 달리 활성화하지 않고 죽거나 손상되었을 때 쉽게 재생이 되지 않는다. 또한 뉴런은 생후 8개월에 가장 많고, 그 이후로는 대체로 감소한다.

뉴런을 연결해주는 시냅스도 한 뉴런당 1,000개에서 10만 개 정도 되는데, 36개월까지 아기의 뇌에 필요한 시냅스의 150~200퍼센트까지 만들어진 후 사용되지 않거나 효율성이 떨어지는 시냅스는 없애는 방식으로 신경회로를 정교하게 하고 형태를 가다듬는다.

뇌는 유전적 프로그램에 따라 기본 형태가 만들어진 다음 외부의 자극을 받으면 원하는 기능을 가장 효율적으로 수행할 수 있는 최적의 뇌가 만들어진다. 이때 자극이나 교육의 영향력이 가장 강력한 시기이기 때문에 결정적 시기라고 한다.

뇌 발달이 적절하게 이루어지기 위해서는 이 감수성기 동안 해당 자극에 노출되어야 하며, 만일 이 시기를 놓치면 뇌 기능의 발달이 지연되거나 왜곡될 수 있다. 시각이나 청각, 감성, 운동 기능같이 모든 아기에게 공통으로 존재하는 기능의 발달은 결정적 시기와 관련이 있다.

태아가 기억을 한다는 것은 많이 알려진 사실이다. 엄마의 배 속에서 들은 소리를 거의 본능적으로 기억한다는 것이다.

미국 노스캐롤라이나 대학교의 앤서니 드캐스퍼(Anthony Decasper) 교수와 멜라니 스펜스(Melanie Spence) 교수가 임신 9개월 차의 임신부들을 모집해 똑같이 정해진 그림책을 읽어주는 실험을 했다. 그리고 아기들이 태어난 후에도 이 실험을 계속 했다.

물론 아이들이 태어난 후에는 여러 가지 동화책을 읽어주는 한편, 엄마의 배 속에 있을 때 읽어준 그림책도 다시 읽어주었다. 그랬더니 12명 중 10명이 배 속에서 들었던 동화책에 확실한 반응을 보였다는 것이다. 즉, 이것을 토대로 아이는 배 속에서 들었던 그림책 내용도 기억한다는 결론을 내렸다.

여기에서 간과해서 안 되는 것은 아기들이 기억하는 것은 이야기의 줄거리가 아니라 엄마의 목소리라는 사실이다. 아기는 엄마가 책을 읽어줄 때의 억양과 리듬을 배 속에서 들었던 대로 기억하는 것이다.

## : 아이들은 36개월 이전의 일을 거의 기억하지 못한다

다만 태아가 기억력을 가지고 태어난다는 여러 보고에도 불구하고 아이들은 36개월 이전의 일을 거의 기억하지 못한다. 왜냐하면 아기의 기억력과 성인의 기억력에 차이가 있기 때문이다. 즉, 성인의 기억은 체계적이고 논리적인 데 비해 아기의 기억은 감각적이고 비논리적이다.

아이들은 정신적인 응집력이 약해서 경험을 잘 분류해 저장하지 못하기 때문에 어릴 때의 기억을 지속하기 힘들다. 또한 아이들은 소소한 경험조차도 체계적이고 언어적으로 이해되어야만 오래 기억한다.

다만 36개월 이전의 경험을 기억하지 못하더라도 아예 날아가 버리는 것이 아니라, 불안정한 저장 방법으로 의식되지 않은 채 뇌 속에 무의식 상태로 남는다. 그러다가 어느 순간 어떤 자극으로 인해 별로 의식하지 못했던 어릴 적 경험이 떠오를 수도 있다.

어른들도 이따금 처음 가본 곳인데 언젠가 와보았던 장소처럼 느껴질 때가 있을 것이다. 의식하지 않고 무의식적으로 이루어진 기억은 주로 우리가 막연히 친숙하다고 느낄 때 나타난다. 어쩌다가 아이가 낯선 것을 이유 없이 선호한다면 의식하지 않은 기억이 작동했다고 할 수 있다.

아이의 기억력을 북돋워 주고 싶다면 부모는 아이가 기억 체계를 잘 활용할 수 있도록 하나의 이야기를 다른 부분과 연결하는 세밀한 질문 등을 이용할 수 있다. 엄마는 아기의 똑같은 신호에 대해서 반복적으로 반응하는 게 좋고, 그러기 위해서는 엄마가 아기와 가까이 접촉해야 교감이 쉽게 이루어질 수 있다.

# 기억력이 좋으면
# 머리가 좋은 것일까?

**03**

**: 자폐아가 암산 등 특정 분야에서 초능력을 발휘하는 서번트 증후군**

영화 〈레인맨〉의 주인공인 레이먼드 배빗(더스틴 호프만이 연기)은 자폐증이면서 숫자를 보자마자 모두 외워버리는 비상한 암기력을 가지고 있다. 그는 이런 암기력으로 카지노에서 어마어마한 돈을 따서 빈털터리 동생에게 안겨준다.

그런데 이 영화의 바탕이 된 실존 인물인 킴 픽은 일반인은 상상할 수도 없는 암기력으로 전화번호부와 책 1만 권을 외울 정도였지만, 옷도 자기 힘으로 입지 못하고 주변의 물건도 제대로 구분하지 못했다. 또한 16세가 되어서야 계단을 이용할 수 있을 만큼 일상생활을 하기 힘든 자폐증 환자였다.

이런 천하무적 암기력은 영화 〈레인맨〉에서 보여주는 과장이 아니라, 킴 픽이 증명하듯이 매우 특별한 사람이 보유한 초능력 중 하나이다. 이런 현상을 서번트 증후군(Savant syndrome)이라고 하는데, 자폐증이나 지적 장애를 가진 사람이 암산이나 기억력, 음악, 퍼즐 맞추기 등 특정 분야에서 탁월한 능력을 발휘하는 것을 말한다.

서번트 증후군은 이유가 밝혀지지 않았지만 좌뇌가 손상되면서 우뇌의 측두엽이 활성화되는 과정을 통해 나타나는데, 평상시의 학습에도 2~3배의 효과가 나온다고 알려져 있다. 하지만 이런 예는 극히 드물어서 발생할 확률이 100만 분의 1 정도이고 로또 당첨만큼이나 희박한 일이다. 그렇기 때문에 간혹 아이가 단어나 숫자 등에 아주 놀랄 만한 암기력을 보인다고 해서 서번트 증후군인가 하고 들떠서 의심하는 등 부모가 함부로 아이를 판단하면 안 된다.

영유아들이 단어나 숫자를 잘 암기하는 경우는 그게 무엇인지도 모르고 단순하게 보자마자 암기만 하는 경우가 많기 때문이다. 다만 아이가 뭐든지 보기만 하면 무조건 암기하는 경우라면 주의해서 잘 관찰하고 전문가와 상담하는 게 좋다.

**: 영재아의 작업기억력은 상상을 초월할 정도로 월등히 뛰어나다**

우리가 뭉뚱그려서 같은 의미라고 알고 있는 기억력과 암기력은 엄연히 다르다. 어떻게 다를까? 기억력은 언어는 물론 감각과 감정 등 자신이 경험한 것을 공감각적으로 뇌에서 보관하는 특별한 능력인 데 비해, 암기력은 주로 글이나 숫자 등을 시각적으로 기억하는 단순한 능력이다. 암기력이 뛰어난 아이들과 달리 기억력이 뛰어난 아이들은 호기심이 강하고 이해가 매우 빠르며 주의력이 뛰어나다는 점도 남다른 능력이다.

그렇다면 기억력이 남다르게 좋은 아이는 타고난 영재아일까?

사실 영재아의 작업기억력(우리가 적극적으로 집중해서 사용하는 기억력)은 상상을 초월할 정도로 월등히 뛰어난 경우가 많다. 실험에 따르면 작업기억에 저장할 수 있는 데이터의 양은 아이큐가 높을수록 증가하고, 데이터가 기억에 머물러 있는 시간 또한 아이큐가 높을수록 훨씬 길어진다. 즉, 아이큐 100인 아이와 140인 아이를 비교하면 작업기억을 저장하는 능력이 두 배까지 차이가 난다.

영재아는 작업기억력이 뛰어나기 때문에 다량의 데이터를 기억에 담아둘 수가 있고, 그 많은 데이터를 동시에 처리할 수도 있다. 또한 이런 능력으로 정보를 결합하고 조합하는 범위도 상당히 넓어진다.

하지만 이런 기억력 덕분에 암산 영재아가 된 경우는 좀 다르다. 암산 영재아는 최근에 습득한 지식을 쉽게 재현할 수 있지만, 만일 암산에만 전념한다면 통합해야 할 지식의 내용과 구조를 정교하게 조합하는 작업을 뇌에서 거의 하지 않는다. 암산에만 전념하면 피상적인 지식만 얻을 뿐, 그 지식을 완전히 자기 것으로 소화하기 위해 필요한 인지 체계를 작동시키지 않기 때문이다. 단순한 암기력이 사고력 수학으로 이어지는 데는 한계가 있다는 뜻이다.

영재아는 기억의 범위가 넓어서 오래전 아기였을 때와 어린아이 였을 때의 일도 모두 기억하는 편이다. 또한 어느 시점의 경험들을 매우 정확히 기억하고 있으며, 특히 그 경험이 가져오는 감정적인 부분과 정서적인 무게까지도 고스란히 간직하고 있다.


### ⦂ 기억력이 좋은 아이는 성인이 되어서도 머리가 좋은 것일까?

머릿속에 정보를 축적하는 기억력은 인지를 가능하게 하는 원천이다. 또한 기억력은 인지 발달 전반과 밀접한 관계를 가지고 있어서 이해력, 관찰력, 사고력, 집중력 등과 함께 발달한다. 무엇인가를 기억하기 위해서는 그 사물을 파악하고 이해하는 인지 능력이 반드시 동반되어야 한다는 것이다.

가장 효과적인 방법으로 문제를 해결하고 논리적으로 생각하고 과거의 경험을 새로운 상황에 응용하는 데도 작업기억이라는 기억력이 꼭 필요하다. 수많은 유아교육학자들이 강조하는 창의력도 역시 아이의 다양하고 폭넓은 경험 위에서 발달하므로, 그 경험을 보다 명확하고 세밀하게 기억하는 능력이 필수적이라고 할 수 있다.

그렇다면 기억력이 좋은 아이는 성인이 되어서도 머리가 좋은 것일까?

케이스웨스턴리저브 대학교의 조셉 페이건(Joseph Fagan)과 알버트 아인슈타인 약학대학교의 수전 로즈(Susan Rhodes)는 최근의 임상 실험을 통해, 기억력 테스트에서 높은 점수를 얻은 아이들이 2년, 3년, 6년 뒤에 실시한 아이큐 테스트에서도 높은 점수를 얻는다는 사실을 밝혀냈다. 결국 기억력이 좋으면 일반적으로 아이큐가 높다는 결론이다.

또 하나의 다른 실험 결과를 보면 성인도 복잡한 암산 문제를 아주 빨리 풀기 위해서는 장기기억(경험한 것을 수개월에서 길게는 평생 동안 의식 속에 유지하는 기억 작용)을 이용하는 것으로 나타났다. 암산 문제를 풀기 위해 필요한 조작을 하는 대신 최근에 했던 계산 중에서 새 문제의 데이터와 유사한 데이터를 가진 계산의 결과를 장기기억 속에서 찾아낸다는 것이다.

또한 작업기억을 이용하여 답을 머릿속 스크린에 이미지화한다. 이 방식은 일반적인 방식과는 매우 다른 것으로 아직까지 알려지지 않은 영재아의 시각적 기억력이 어느 정도인가를 잘 설명해준다.

### 암산이 뛰어난 아이가 영재아가 된 이유

L군은 자신의 줄넘기 기록을 년/월/일 단위로 최고 기록 개수까지 기억하고 있다. 이 아이는 무한대로 이어지는 소수 원주율도 무려 340자리까지 외우고 있는데, 마치 랩을 하는 것처럼 원주율을 외우면서, 원주율 179번째를 맞혀보란 질문에도 보란 듯이 정답을 맞힐 정도이다. 무엇이든 외워버리는 기억력 영재인 셈이다.

자기가 외운 것을 부모나 동생을 붙들고 시연하는 일이 다반사였기 때문에 가족은 모두 L군을 귀찮아하고 슬슬 피하기까지 했다. L군이 신나서 재미있게 얘기하는데 아무도 들어주질 않는 식이었다. 아빠는 왜 쓸데없는 것을 외우느냐고 못하게까지 했다. 하지만 아이는 여기에 굴하지 않고 모든 것을 끊임없이 외웠다.

원주율을 외우고 공부하면서 L군은 별과 달에도 관심을 보여 천문학 쪽의 탐구도 많이 했다.

L군에게 아이큐 검사를 시행한 결과 언어인식 영역과 작업기억 영역에서 뛰어난 결과를 보였다.


9세 암산 영재인 P군은 걸음마 시기 때부터 수학에 관심을 보였다. 한번 본 것은 물론 벽에 붙은 숫자판을 외우는 등 단순 기억력이 감탄할 정도로 뛰어났다.

36개월에 한글을 깨쳤고, 영어에도 관심을 보였다. 영어와 수학은 또래들보다 2년 정도 빨랐는데, 초등학교 1학년 때 시작한 주산에서도 일취월장해서 세계적인 수준의 나노암산대회에서도 자기보다 높은 학년에 도전해 한국 아이들 중에서 1등을 했다.

P군은 학교에 다녀오면 학교 공부를 하고 2~3시간씩 앉아서 암산을 계속한다. 아이가 암산을 좋아할 뿐 아니라, 아빠가 P군에게 주산이나 암산을 할 만한 분위기를 만들어주고 있다.

P군은 3자리 곱하기 3자리 50문제를 2분 13초 정도면 푸는데, 현재는 부모의 열성과 지원으로 한 대학교 영재원에 들어가서 영재교육을 받고 있다.

### 솔루션

L군이 과학 영재가 될 수 있었던 것은 원주율에 꽂혀서 외우는 동안 기억을 잡아놓아 활용하는 그릇을 키웠기 때문이고, 거기에 천문학이라는 콘텐츠를 함께 채웠기에 가능하다고 생각된다.

즉, 원주율표를 외우면서 천문학까지 섭렵함으로써 작업기억과 배경 지식을 늘렸고, 그 역량으로 영재가 될 수 있었던 것이다. L군은 특별한 솔루션이 필요하지 않았는데, 군이 더 발전하자면 자신이 가진 능력 발휘를 위해 작업기억과 배경 지식을 더 많이 늘려야 한다는 것이다.

P군의 경우에는 뛰어난 암산 능력을 일찍 알아챈 부모의 예리한 관찰력이 빛을 발했다고 볼 수 있다. 더구나 P군의 아버지는 아이의 특출한 면을 더 발달시키기 위해서 많은 연구를 하고 심지어 엑셀로 수식을 만들기까지 했다.

아이가 싫증을 내거나 흥미를 잃어버릴까 걱정되어서 다양한 방식으로 테스트도 하고 놀이처럼 즐기게도 했다.

P군은 이런 부모의 관심과 지원 덕분에 영재교육을 받게 된 것이 가장 잘된 점이고 솔루션으로 더 활발해졌다.

# 영유아의 두뇌 발달은
# 어떻게 이루어지는가?

**04**

## ● 아이의 두뇌 발달은 임계기인 6세 정도까지 거의 이루어진다

뇌과학에서는 아기가 태어난 후 뇌가 단단하게 굳기 전, 즉 뇌를 말랑말랑한 상태로 유지하는 시기를 '임계기' 또는 뇌의 결정적인 시기라고 한다. 뇌의 발달 과정에서 이 시간은 매우 결정적이고 중요한 시간이다. 이때 인간의 뇌 조직은 처해진 환경이나 행동에 따라 다각적으로 변하는 데다 가소성이 있기 때문이다. 즉, 찰흙으로 어떤 모양을 만들면 그 모양이 굳은 후에 그대로 남는 이치와 같다.

물론 뇌는 어른이 될 때까지 조금씩은 변하기 때문에 유아기에 완전히 굳어버리지는 않는다. 하지만 장차 아이가 인생을 살아가는 데 필요한 신경회로나 세포의 기본적인 선별, 도태, 가지치기는 임계기인 6세 정도까지 거의 다 이루어진다는 사실은 변함이 없다. 그러니 육아에서는 뇌의 임계기를 기억하는 것이 좋다.

아이의 영재성을 가장 먼저 알아보는 사람은 대체로 부모일 확률이 제일 크다. 예를 들어 부모는 세 살짜리 아이가 어디에서라도 온갖 질문을 쉬지 않고 하거나, 지칠 줄 모르고 장난을 한다거나, 호기심이 너무 많다거나, 어른보다 이해력이 높다거나 등등 전조 증상으로 아이의 특별함을 빨리 눈치챌 수 있기 때문이다.

그래서였을까? 앞에서 언급한 영재교육의 선구자라고도 말할 수 있는 독일의 목사 칼 비테는 미숙아이자 발달장애아로 태어난 아들 요한 하인리히 프리드리히 칼 비테(Johann Heinrich Friedrich Karl Witte)가 정상적으로 태어난 아이들과의 경쟁에서 뒤지지 않도록 신생아 때부터 조기교육을 했다.

그는 태어난 지 15일밖에 되지 않은 아기에게 어른도 어려워하는 고전인 베르길리우스의 《아이네이스》를 읽어줄 만큼 극성스러웠다. 그렇게 철저한 조기교육과 칼 비테의 정성이 닿았던지, 그의 아들은 8세에 세계의 고전을 줄줄 읽었다고 한다. 결국 칼 비테는 자신만의 특별한 교육 이념과 독특한 육아법으로 아들을 놀라운 천재로 만들었는데, 그 경험을 바탕으로 영재교육법을 다룬 책까지 펴냈다.

칼 비테는 자신만의 철두철미한 커리큘럼을 짜서 아들을 교육했는데, 그의 아들 또한 아버지의 교육법을 흡수하다시피 잘 따랐다. 그래서 9세에 이미 영어, 이탈리아어, 라틴어 등 6개 국어를 구사했다고 전해진다. 또한 10세에 대학교에 입학했으며, 13세에는 철학 박사 학위를 취득하고, 16세에는 법학 박사 학위를 취득했다고 한다. 19세기 독일의 천재 법학자이자 세계 최연소 법학자(기네스북에 등재되었으며 현재도 깨지지 않은 기록)는 이렇게 만들어졌다.


## : 자연 친화적인 생활은 아이의 뇌 발달에 큰 영향을 미친다

누구나 교육만 하면 그렇게 되는 것은 아니겠지만 참으로 놀라운 일이다. 예를 들자면 칼 비테는 아이의 청각을 발달시키기 위해 옆에서 자상한 목소리로 시를 읽어주고, 매번 다른 말투와 목소리를 내서 소리를 식별하는 능력을 키워주었다. 그뿐만 아니라 각양각색의 장난감으로 시각과 관찰력을 길러주었다. 이런 바탕은 그의 아들이 훗날 언어와 수학, 역사, 지리 등의 학문을 터득하는 데 크나큰 힘이 되었다.

더불어 칼 비테가 매우 중요하게 여긴 것이 있었는데, 그것은 아주 어려서부터 자연을 접하게 한 것이다. 그는 아이가 활동하기 편하도록 헐렁한 옷을 입히고, 햇빛을 받고 신선한 공기를 마음껏 마시도록 했고, 심지어 집 앞마당에서 텐트를 치고 재우기도 했다. 건강이 뒷받침되지 않으면 학습을 제대로 해낼 수 없다는 철학까지 영재아로 키우는 데 한몫한 셈이다.

자연 친화적인 생활은 아이의 면역력을 높이고 몸을 더 건강하게 하고, 자연의 소리와 색은 스트레스 호르몬을 줄여주고 마음을 안정시켜준다. 또한 자연의 리듬을 타고 이루어지는 여러 활동이나 놀이는 두뇌 활동을 더 활발하게 하며 창의력도 높인다. 풀벌레 소리, 새소리, 계곡물 소리는 청각 패턴 인식을 높여주고 마음을 안정시키기도 한다. 특히 유아기 때의 이런 활동은 뇌의 발달에 큰 영향을 미친다.

다만 지나친 강제 교육은 아이에게 전혀 도움이 되지 않는다는 사실을 명심해야 한다. 흔히 별 부담 없이 시작하는 악기 연주의 경우에도 강제로 하는 것은 차라리 안 하는 것만 못하다.

## : 좌우 뇌가 통합되는 시기인 26개월까지는 자연 체험이 중요

한편 만일 아이의 영재성을 알아내고 아이가 영재아로 판명된다면 부모는 어떤 자세를 가져야 할까? 우선 가장 먼저 알아야 할 사실은, 영재아라고 해서 일정한 속도로 쑥쑥 뇌가 발달하지 않는다는 사실이다. 어느 날 갑자기 재능이 반짝 보이면서 훌쩍 자라다가 또 한동안은 지체되는 등 들쑥날쑥 불규칙하다. 그럴 때 많은 부모는 조급한 마음을 갖거나 영재아가 아닐지도 모른다는 의심을 하면서 중도 포기하기 일쑤이다.

영재아들은 미처 자신의 상태를 잘 모르는 경우가 많고, 영재성이 자신에게 이롭다거나 손해라거나 하는 식으로 생각하지 않기 때문에 경쟁심도 모른다. 그러니 아이를 채근하거나 독촉해서 분발하게 하려는 태도를 가져서는 안 된다.

그리고 무엇보다 가장 중요한 사실은 영재아이든 평범한 아이이든 발달 단계에 맞는 교육을 받아야 재능을 발휘할 수 있다는 것이다. 설혹 영재성이 있는 아이라고 해도 조급한 마음에 다량의 콘텐츠를 무조건 머리에 집어넣으려고 하면 오히려 아이의 두뇌는 혹사당하고 불균형적인 발달을 초래할 수 있다.

따라서 좌우 뇌가 통합되는 시기인 26개월까지는 무조건 콘텐츠를 아이의 머리에 집어넣으려고 할 것이 아니라, 자연이나 또래와 상호작용하는 법을 가르치는 것이 더 중요하다. 그것이 자라는 동안 영재성을 제대로 발휘하는 데 튼튼한 뒷받침이 될 수 있기 때문이다.

영재성과 창의성을 높이려면 손가락 인형(손가락에 끼워서 움직일 수 있는 인형)으로 다양한 감정을 표현하는 놀이를 부모가 함께하면 좋다. 손가락 인형 놀이를 자주 하면서 이야기를 꾸며 인형극을 만들거나 다양한 상황에 따른 표현을 고민하도록 유도하는 것도 바람직하다.

또한 책을 자연스럽게 접하게 하고 스스로 창의성을 발휘할 수 있는 기회를 만들어줘야 한다. 창의성은 정확한 답이나 목표가 없는 활동을 하는 동안 자연스럽게 길러진다. 강요된 목표 없이 마음대로 책을 읽게 하고, 모양과 맛 등을 스스로 생각해 과자를 만들어본다든지, 레고 블록으로 다양한 모형을 만들어보게 하는 것도 창의성 발달에 도움이 된다. 그리고 연극 관람과 여행 등 다양한 경험을 하게 하는 것도 여러 분야에 관심을 갖고 분석적 능력을 키우는 데 좋다.

---

### 아이의 뇌 발달과 학습 분야

**운동신경**

운동신경의 창은 태아가 발육하는 동안 열린다. 아기를 낳아본 사람은 운동신경이 연결되고 강화되는 임신 제3기에 두드러지게 나타나는 태아의 움직임을 또렷이 기억할 것이다. 아이가 운동 기능을 배우는 능력은 태어나서부터 9세까지 가장 왕성하다. 기어다니기나 걷기처럼 단순해 보이는 운동도 실제로는 내이의 균형 감각으로부터 받아들인 정보와 팔다리 근육으로 나가는 출력 신호를 통합하는 등, 신경망 사이의 복잡한 연합을 필요로 한다. 영유아기 때 하는 신체놀이가 운동신경 발달에 가장 중요하다.

**감정 조절**

생후 2~30개월 사이에 감정 조절을 발달시키는 창이 열린다. 감정의 뇌는 전두엽보다 빠르게 성장하는데 감정 조절은 환경의 영향이 크다. 낯을 심하게 가리는 아기를 부모가 지나치게 보호하면, 그 아이는 커서 수줍음을 많이 탈 수 있다. 반면 낯을 심하게 가리는 아이라도 다른 아이들과 많이 어울리게 하면 예민하고 소심한 성격이 극복되기도 한다. 아이가 타고나는 아이큐, 사회성, 감정 조절, 정신분열증, 공격성 같은 유전적인 성향은 부모의 양육 방식에 따라 바뀔 수 있다.

### 언어력

신생아의 뇌는 백지상태가 아니라 수용언어를 포함한 특정 자극을 처리하도록 특화되어 있다. 수용언어를 습득하는 창은 태어나자마자 열리고, 뇌는 언어력을 본능적으로 타고나기 때문에 생후 2개월에 옹알이를 하고 8개월이 넘으면 엄마나 아빠 같은 간단한 단어를 말한다. 뇌의 언어 영역은 18~20개월 무렵에 아주 활발하게 작동해 하루에 열 단어 이상 배울 수 있는데, 수용언어를 습득하는 창은 6세 무렵에 닫히기 시작해 11~13세 무렵에 다시 줄어든다. 어떤 이유로든 그 나이를 넘기면 언어를 습득하기가 어려워진다.

### 수학적 사고

아이들의 뇌에는 기본적인 숫자 감각이 들어 있다. 특히 아이의 수학적 뇌는 어떤 집합에 속한 대상의 개수를 바로 가늠함으로써 대상을 구분하는 일을 직접 처리한다. 그래서 유아들도 두 개와

세 개의 차이를 분간할 수 있다. 예를 들어 차를 타고 가다가 들판에서 풀을 뜯고 있는 말들을 보았을 때 일일이 세어보지 않더라도 몇 마리인지 알아차리게 되는데, 이는 타고난 수 감각 덕분이다. 연구에 따르면 3세 아이들도 5란 숫자를 말로 표현하지는 못하지만 개수의 차이를 구별할 줄 안다.

### 악기 연주

아이는 생후 2~3개월만 되어도 음악에 반응한다. 음악에 반응하는 창은 태어나면서 열린다고 해도, 아기의 성대를 조절하는 운동 능력은 노래하거나 악기를 연주할 준비가 되어 있지 않다. 적어도 생후 48개월은 되어야 피아노를 칠 수 있는 손재주가 생긴다. 예를 들자면 5~6세 때 피아노 레슨을 받은 아이가 악기를 전혀 배우지 않은 아이보다 시공간적인 과제에서 훨씬 더 높은 수행력을 보인다. 또한 그렇게 향상된 능력은 장기간 지속된다. 악기를 연주하면 좌측전두엽에서 수학 논리를 담당하는 영역이 자극을 받아 수리력도 좋아진다.

# 05 신생아의 오감 발달은 생후 1년까지 결정된다

**⦂ 후각은 기억과 감정을 조절하는 뇌의 신경회로에 직접 연결된다**

신생아는 시각과 청각이 미숙한 대신 후각과 미각이 발달해 있다. 시각 영역은 대뇌피질의 후두엽에 위치하는데, 신생아의 시각은 초점이 안 맞는 흑백 영상으로 보일 정도로 나쁘다. 미처 시각이 발달하지 않은 상태이기 때문이다.

생후 6개월 된 아기의 시력은 0.1 정도이다. 이때 아기는 0.1의 시력으로 두 눈을 함께 써서 보는 기능인 '양안시'가 발달하면서 물건을 입체로 보고 물체와의 거리, 높이 등을 알게 된다. 단, 아기의 시각 발달의 감수성기는 12개월까지임을 부모는 인지하고 있어야 한다. 때문에 선천성 백내장인 아이도 12개월 이전에 수술을 해주면 잘 볼 수 있다. 하지만 24개월 이후에는 수술을 해도 잘 볼 수 없다. 그만큼 시각은 12개월 이전의 자극이 중요하다는 사실을 명심해야 한다.

갓 태어난 신생아의 청각 능력은 배 속에서 들었던 엄마의 목소리나 음악을 구별할 수 있을 정도이다. 생후 3개월이 되면 여러 가지 소리를 구분하고 엄마와 아빠의 목소리도 알아듣는다. 즉, 이 무렵부터 아기의 측두엽 시냅스 성장과 수초 형성이 급격하게 활발해지는데, 청각 능력도 시각처럼 생후 1년까지가 거의 결정적이다.

아기의 청각 영역은 뇌의 측두엽에 위치하는데, 여기에서 아기의 언어 능력과 관련된 일을 처리하고 소리를 듣거나 소리의 크기, 높낮이를 구분하거나 언어를 이해하게 된다. 일반적으로 음악을 우뇌에서 듣는다고 알려져 있지만, 이것은 음악의 3요소인 멜로디, 화음, 리듬 중 무엇을 듣느냐에 따라 다르다. 멜로디와 화음을 듣는 것은 우뇌이지만, 리듬은 좌뇌의 운동연합 영역과 두정엽을 활성화한다.

후각과 미각은 화학적 감각이라고 할 수 있다. 후각은 기억과 감정을 조절하는 신경회로에 직접 연결되는데, 오감 중에서 유일하게 뇌와 직접 연결된 감각으로 어릴 때부터 적절한 자극을 주면 잘 발달하는 반면 그렇지 않으면 빨리 퇴화하는 특징이 있다.

미각은 후각과 함께 일찍부터 발달하는데 엄마의 배 속에서 어떤 맛을 경험했느냐에 영향을 받는다고 할 정도이다. 특히 신생아 때는 입안 전체에 성인보다 2~3배 정도 많은 미각세포가 분포되어 있기 때문에 맛에 더욱 예민하게 반응한다. 그래서 어릴 때 여러 가지 맛을 경험한 아이들은 독특한 맛을 내는 음식을 주저하지 않고 삼키지만, 이런 현상도 미각세포의 발달이 둔화되는 24개월을 넘어가면 현저하게 줄어든다.


## ⦂ 1~3개월 아기의 뇌 – 모빌이나 딸랑이를 이용해 시각과 청각을 자극

아기의 시각과 청각 등 감각 발달과 피부 마사지를 통한 두뇌 발달이 중요한 시기로서 엄마와의 활발한 상호 교류가 필요한 시기이다. 아기는 정서의 뇌인 변연계가 아래 반쪽 정도만 발달하고, 편도체는 이미 형성되어 변연계와 관련된 신경회로가 작동한다. 따라서 아기는 흥미, 괴로움, 혐오의 감정을 나타내고, 몇 개월 후 이런 기초적인 정서들은 즐거움, 분노, 놀람, 슬픔, 수줍음, 공포로 분화된다.

하지만 감정이입이나 질투, 수치심, 죄의식, 긍지 등과 같은 자아의식과 관련된 정서는 나중에 발달하고, 일부는 자의식이 발달하는 시기인 2세가 될 때까지 나타나지 않기도 한다. 감정을 느끼려면 변연계피질이 기능을 해야 하는데, 변연계의 상부 구조가 성숙하려면 많은 시간이 필요하기 때문이다. 특히 감정을 조절하는 전전두피질은 출생 시 미숙한 상태이며, 수상돌기와 시냅스가 정교해지려면 2

세는 되어야 한다.

기저귀를 갈아줄 때나 수유를 할 때 엄마는 웃는 표정으로 자주 말을 하고 아기의 옹알이에 응해야 한다. 소리가 나는 모빌이나 딸랑이를 이용해 시각이나 청각 발달을 촉진하고 굵은 선과 원색으로 만들어진 그림책 등으로 교육적인 자극을 줄 필요가 있다.

손을 활용한 운동도 필요한데, 생후 2개월이 지나면 딸랑이를 쥐고 흔드는 운동을 하도록 유도하는 것이 좋다. 아기는 태어날 때부터 부모의 얼굴을 인식한다. 그러므로 부모의 얼굴을 잡게 하거나 적절하게 밝은 사물을 눈에 가까이 가져다 보여주는 동작을 통해서 아기가 외부의 물체에 대한 탐구심을 가지도록 자극을 주면 좋다.

부모의 머리카락이나 이상한 소리와 같이 아기가 흥미 있어 하는 것이 무엇인지 주의 깊게 살펴보고, 아기가 이런 것들과 함께 접촉하면서 자극받을 수 있도록 한다. 아기의 울음과 웃음에 항상 귀를 기울였다가 즉시 반응해주는 자세도 중요하다.


## ː 4~6개월 아기의 뇌 – 창의력과 감성의 기반인 시각이 발달

창의력과 감성의 기반이 되는 시각이 본격적으로 발달하는 시기이다. 다양한 감정은 뇌의 성숙을 통하여 이루어지고, 애착 형성은 정서 발달에 많은 영향을 주므로 엄마와 눈을 맞추고 이야기하는 시간이 무엇보다 필요하다.

손놀림이 많이 발달하는 때이므로 손이 닿는 곳에 장난감을 놓아주고 아기에게 손을 뻗게 하는 훈련을 시키는 것이 좋다. 촉각 그림책 등도 좋은 교육 재료가 된다. 하지만 아기 침대 주변에 너무 많은 물건을 놓는 것은 금물이다. 주위에 물건이 지나치게 풍부하면 아기가 빨리 싫증 낼 수 있다.

아기 침대나 유모차에 아기가 잡을 수 있는 장난감을 설치해두자. 그러면 아기는 이것을 두드리거나 흔들리는 것을 볼 수 있으며, 또 손과 눈이 함께 움직이는 동작을 통해 뇌의 발달을 자극할 수 있다. 아직 아기는 장난감들을 손에 쥘 수는 없다.

거울로 자신의 모습을 보는 것도 재미있어한다. 아기 침대 위에 아기가 자신의 모습을 볼 수 있게 약 20cm 떨어진 거리에 안전거울을 달아준다. 그러면 아기는 자신의 여러 가지 표정을 알게 된다. 또 아기가 만질 수 있도록 플라스틱과 같은 반고형의 구조물을 거울에 붙여두면 효과적이다.

아기 앞에서 부모가 보자기를 들고 양옆으로 움직여 부모의 얼굴을 보였다 감췄다 해보자. 아기는 처음에 보자기만 주시할 뿐, 부모의 얼굴에 관심을 갖지 않는다. 하지만 여러 차례 반복하다 보면, 어느 순간부터 아기가 보자기를 치우고 부모의 얼굴을 발견하며 기뻐하게 된다. 부모 얼굴을 보자기로 가려도 전에 보았던 장소에 있을 것이라는 작업기억이 생기는 것이다.

## • 7~12개월 아기의 뇌 – 거울뉴런이 작동해 엄마의 행동을 흉내 낸다

이 시기의 아기들은 거울뉴런의 작동으로 흉내 내기를 잘한다. 엄마의 행동을 흉내 낼 뿐 아니라, 엄마의 말소리와 표정까지 흉내 낸다. 이때 아기는 눈앞에 있는 물건이 없어져도 어디에 있을 것이라고 찾기 시작하는 대상영속성의 개념이 발달하고, 원인과 결과에 대한 연결이 발달하는 시기이므로 까꿍 놀이가 가능하고 한 가지 행동을 반복하는 일이 많아진다.

말하기, 듣기, 읽기, 쓰기 등의 말을 효과적으로 구사하는 언어 지능은 말하기를 담당하는 좌측전두엽의 브로카 영역(Broca's area, 프랑스의 의사 브로카가 뇌의 이 부분이 말을 구사하는 핵심이며, 이곳이 손상되면 실어증을 가져온다고 보고했다)과 말의 이해를 담당하는 좌측측두엽의 베르니케 영역(Werniche's area, 독일의 의사 베르니케가 이 부분의 뇌 손상이 언어에 문제가 있는 사람들에게 나타난다고 보고했다)이 모두 관여한다. 또 베르니케 영역이 브로카 영역보다 빨리 발달하기 때문에 말을 하는 것보다는 알아듣고 이해하는 것이 먼저 발달한다.

아기는 생후 6개월 무렵 언어 습득의 결정적인 시기가 시작되면서 모국어에 대한 신경회로가 빠르게 발달한다. 특히 수용언어를 담당하는 베르니케 영역이 발달해 아기가 엄마의 말을 이해하기 시작하므로, 엄마는 풍부한 어휘를 사용하고 아이의 말에 응해주는 것이 꼭 필요하다.

아기의 전두엽이 활성화되는 시기는 7~12개월 무렵이다. 양쪽 전두엽 모두 정서적, 사회적 관계를 맺는 데 꼭 필요한데, 특히 사회적인 관계 맺기나 도덕성에 필수적인 자기 통제는 전두엽의 억제 작용이 있어야 가능해진다. 좌뇌 안쪽의 전두피질은 좋은 기분을 느끼게 하고, 우뇌 안쪽의 전두피질은 나쁜 기분을 느끼게 한다. 좌우 전두엽의 활성 정도에 따라 아기가 얼마나 사회적으로 원만하고 사교성 있는 두뇌가 될지 결정된다. 아기의 기본 정서 발달과 부모와의 애착이 절정을 이루는 시기도 이때이다.

한편 논리 수학적인 사고도 좌우 전두엽이나 두정엽과 깊은 관련이 있는데, 논리 수학적인 사고는 뇌 발달 중에서도 가장 높은 단계라서 오감이나 언어 발달에 비해 다소 늦게 시작된다. 적어도 12개월가량 되어야 원인과 결과를 이해하게 된다. 즉, 논리 수학적인 사고를 시작하는 시기인 셈이다.

## 뇌박사의 영재 솔루션

가야금뿐 아니라 판소리에도 재능을 보여 국악 신동으로 언론에도 심심치 않게 소개된 P양과 4살 더 많은 P양의 언니. 이 두 사람은 누구라고 할 것 없이 국악 재주꾼들이다.

P양이 가야금을 시작한 것은 언니가 가야금을 배우게 되면서였

다. 그런데 자매의 어머니는 두 사람에게 모두 가야금을 시킬 수 없다고 판단해, 가야금으로 두각을 더 나타낸 동생 P양에게만 가야금 수업을 적극적으로 하게 되면서 갈등이 극심했다.

특히 어머니가 가야금을 그만두라고 권했지만 언니는 가야금을 너무 좋아하기 때문에 계속 가야금 연주를 고집하고 있었다. 14세 언니는 매일 가야금 연습으로 하루를 시작할 만큼 열성적이었고, 동생과의 맞비교에도 굴하지 않고 가야금에 대한 집념을 가지고 있었다. 덕분에 가야금 입문 3년 만에 여러 대회에서 대상, 최우수상 등을 수상했을 정도로 실력도 뛰어났다.

하지만 어머니의 전폭적인 지원을 받는 P양은 언니보다 더 많은 수상 경력과 공연 기록을 가진 것은 물론 국악계에서 가야금 천재로 불린다. 어머니는 이런 동생이 가야금을 더 잘하고 유망하니까 언니는 다른 길을 가야 한다는 입장이었다.

### 솔루션

동생과의 맞비교와 어머니의 극심한 반대로 상처가 컸던 언니와, 국악 영재아로 갈 길이 정해진 것 같은 동생은 방송국의 도움으로 가야금 명인인 황병기 교수를 찾아갔다. 그분의 조언을 듣고 둘 중 한 사람만 국악을 계속하게 하겠다는 어머니의 주장도 한몫했다.

그런데 황병기 교수는 자매의 연주를 듣고 나서 언니의 가야금 소리가 더 낫다고 했다. 그리고 다음과 같은 말을 남겼다.

"손가락만 잘 돌아간다고 예술가가 되는 게 아니야. 나는 지금도 연습해."

P양의 언니는 엄마와 집이 가장 안정을 주는 곳이라야 하는데, 자신의 역량을 믿어주지 않고 자신이 좋아하는 가야금을 못하게 하기 때문에 안전의 욕구가 충족되지 않아 갈등을 키운 것이다.

음악 등 예술 분야는 타고난 재능뿐 아니라 지칠 줄 모르는 연습이 매우 중요하고, 또 스스로 좋아해야만 오래 할 수 있다. 오기와 노력으로 길러진 기능으로 인해 영재로 보이는 경우에는 도중에 싫증을 낼 수 있다는 사실을 간과해서는 안 된다. 그래서 자신이 하는 것을 아주 좋아하는 감성이 훨씬 더 중요하다. 타고난 재능과 감성 위에서 치열한 노력이 빛을 발하게 하는 것이다.

나는 결국 두 자매의 어머니에게 가야금을 잘할 뿐 아니라 진정으로 좋아하고 지칠 줄 모르는 끈기를 가진 언니에게 기회를 주는 게 바람직하다는 의견을 냈다.

## 좌뇌와 우뇌의 통합으로 감정의 뇌가 작동한다

**06**

### ⦂ 아기가 학습하려면 감정의 뇌가 잘 작동해야 한다

아기의 뇌 발달에 가장 중요한 시기가 25~36개월이다. 좌뇌와 우뇌를 연결하는 뇌량의 성숙이 이루어지면서 유전적으로 프로그램화된 시냅스의 폭발적인 증가가 최고조에 달하기 때문이다. 이때 언어적인 발달과 인지 기능, 운동 기능, 사회성 기능이 급격하게 발달하며, 종합적인 사고와 정서적인 안정의 기초를 다지고 관계를 통한 학습이 중점적으로 이루어진다.

25~36개월 아기는 두뇌 발달과 더불어 정서적인 면에서도 어른처럼 복합적인 감정을 가지게 된다. 또한 정서의 분화와 발달이 일어나므로 성격 형성의 기반이 만들어지는 시기이기도 하다.

36개월이 지나면서 아기의 시냅스가 줄어들기 시작한다. 평소 사용하지 않았던 시냅스를 가지치기하여 뇌의 공간을 확보하기 위해서이다. 아기들의 정보 처리 속도는 매우 느리지만 에너지 소비만큼은 성인보다 높다. 주 에너지원인 포도당 소비도 급격하게 늘면서 48개월에는 성인 소모량의 2배에 달한다. 그 이후엔 사춘기가 될 때까지 점차 감소한다. 37~48개월에는 뇌의 전환기가 찾아온다. 좌뇌와 우뇌를 연결하는 뇌량의 수초화가 완성되기 때문에 좌뇌와 우뇌의 의사소통이 활발해진다.

37개월 이후로는 좌우 뇌가 통합되는 시기이기 때문에 일상생활에서 경험하는 주변의 사물과 자연 세계에 대해 호기심도 왕성해진다. 자신이 궁금한 것을 어떻게 하면 알 수 있을지 탐색하고 흥미를 갖는 것은 탐구 과정에서 매우 중요하다. 이 시기의 아기는 수학적이나 과학적으로 전문 지식을 아는 것보다 아기 스스로 궁금한 점을 알아가는 과정에 흥미를 가지는 것이 필요하므로, 아기가 제기하는 질문과 생각에 관심을 갖고 적극적으로 반응해주어야 한다. 부모는 아기를 주의 깊게 관찰하고 아기의 말에 귀를 기울여, 아기가 관심을 갖는 사물이나 현상을 탐구할 수 있도록 해야 한다.

아기가 학습하려면 감정의 뇌가 잘 작동해야 하는데, 감정의 뇌에서 중요한 것은 긍정심과 감정의 자기 조절력이다. 그러니 이 시기에 부모는 아기가 스스로 감정을 조절하는 능력을 키워주어야 한다. 이 시기에는 운동 발달을 위한 놀이, 아기의 사회성이나 자아 존중감을 발달시키는 상징 놀이, 사회적 놀이도 필요하다. 물론 급격한 언어 발달 시기이므로 언어 능력을 증진하는 놀이도 필요하다.


### ● 부모의 양육 방식에 따라 아기의 감정, 성격 등이 달라진다

미국의 정신분석학자 에릭 에릭슨(Erik Homburger Erikson)은 유아의 놀이가 세 단계로 발달한다고 보았다. 그 첫 단계가 '자기 세계의 놀이' 단계로, 이 시기에 유아는 자기 몸을 가지고 논다. 그러다가 장난감이나 사물을 가지고 자신만의 세계를 구축하며 이기적 자아인 에고(Ego)의 욕구를 충족하는 단계로 넘어간다. 마지막으로 자기중심의 '작은 세계'는 다른 아기들과 함께 노는 더 큰 세계로 확장한다. 이 과정에서 창의력과 협업 능력이 생긴다.

양쪽 전두엽은 기본적으로 하는 역할이 서로 반대이다. 아기들은 양쪽 전두엽의 활성 정도에 따라 기본적인 성격이 결정된다. 그래서 늘 부정적이고 어두운 아기가 있는가 하면, 쾌활하고 활발한 아기가 있는 것이다.

아기들도 인간관계에서 기쁨을 느낀다. 아기들은 에피네프린(아드레날린), 도파민의 도움으로 신체 각성 수준이 높아질 때, 강렬하게 살아 있고 완전히 깨어 있음을 느끼며 자신감과 활력이 넘친다. 아기 때 이런 신경전달물질이 반복적으로 분비되면 자발성, 이상 추구,

희망, 세상에 대한 경외감이나 순수한 기쁨을 더 많이 느끼게 된다.

아기를 대하는 부모의 태도는 무엇보다 중요하다. 부모가 아이를 어떻게 돌보면서 키우는가에 따라 아기의 감정, 성격 등이 달라지기 때문이다. 부모의 보살핌을 받지 못하면 아기의 좌뇌전두엽의 활동이 줄어든다는 연구 결과도 있다.

따라서 무심한 부모 밑에서 자라는 아기는 좌뇌전두엽이 활동적이지 않고, 자신과 다른 사람들에 대해 부정적인 감정이 생긴다. 또한 부모에게 거부당할지 모른다는 두려움 때문에 친밀감을 내비치지도 않는다. 부모의 사랑을 잃을 수 있다는 두려움이 커지면 싸우기나 도망치기 같은 반응을 보이기도 한다. 아기의 도망치기 반응은 우울해지거나 위축되는 것이고, 싸우기 반응은 공격적이거나 반사회적인 성격이 되는 것이다.

좌뇌와 우뇌가 통합된 시기에는 무조건 아기에게 자연을 많이 접하게 하고, 다른 친구와 어울려 노는 것을 배우도록 하는 게 좋다. 자연을 가까이하고 여러 친구와 놀면서 자란 아이들은 정서적으로 안정감이 더 높기 때문이다. 또한 어린 시절의 이런 감정은 아기의 정서 발달에 깊은 영향을 끼친다.

아이의 발달 과정 중에서 놀이의 형태를 가만히 들여다보면 혼자 놀이, 같이 있으면서 따로 노는 평행놀이, 협동놀이 등으로 변화해 간다. 즉, 나이에 따라 혼자 놀거나 여럿이 노는 시기가 달라진다.

단, 37~48개월의 아기에게 단짝 친구가 없다는 걱정은 하지 않아도 된다. 이 시기에는 단순히 친구와 함께 노는 것에 불과하고 진정한 의미의 인간관계가 성립된다고 보기에는 무리가 있기 때문이다.

설혹 친구와 잘 사귀는 아이가 있다고 해도, 그 아이는 여러 가지 놀이를 많이 알고 있거나, 운동을 잘하거나, 힘이 세거나, 리더십이 있는 아이일 가능성이 높다. 아니면 다른 아이들에 비해 좀 더 인기가 있는 것뿐일 수 있다.

경험적으로 볼 때, 아이가 얼마나 많은 사람과 감정 교류를 하느냐는 중요하지 않다. 그보다는 어느 한 사람과 얼마나 깊은 감성 교류를 하느냐가 중요하다. 특히 영재의 경우에는 이 시기의 정서 발달이 자기감정을 조절하고 사회성을 계발하는 기본이 된다는 점에 유념해야 한다.

# 07 경험 기대적 발달과
경험 의존적 발달의 차이

**⋮ 경험 기대적 발달은 정상적인 모든 아이에게 일어나는 뇌의 변화**

프랑스의 몽블랑산 야생 지대에서 우연히 발견된 12세의 빅터는 두 번이나 생포되었지만 두 번 모두 재빠르게 탈출해서 짐승처럼 생활했다. 그러다 15세가 되어 비로소 사람들의 세상으로 나와 살게 되었다. 다만 말을 전혀 하지 못했기 때문에 사람들과 의사소통이 되지 않았다.

결국 전문가들은 빅터를 농아들에게 말을 가르치는 농아 전문 학교에 넣어 말을 가르치게 했다. 많은 교사와 언어 전문가들이 빅터에게 프랑스어 교육을 진행했다. 하지만 결과는 너무도 참혹했다.

여러 전문가가 1년 넘게 말을 가르쳤지만 빅터는 끝내 두 가지 음절의 말밖에 못했다. 하나는 Lait(우유)이고 또 하나는 Oh Dieu(오, 주여)였다. 빅터의 이 이야기는 인간이 말을 하기 위해서는 반드시 영유아기에 그에 따른 언어 교육을 받아야 한다는 것을 최초로 증명하는 좋은 예이다.

정상적인 아이들은 두 단어를 결합해서 말을 시작하게 되면 폭발적으로 말이 느는데, 빅터는 전혀 그렇지 못했다. 질문을 이해하지 못했고 문법도 이해하지 못했다. 언어가 발달하는 결정적인 시기를 놓쳤기 때문이다. 언어의 결정적인 시기도 다른 영역과 마찬가지로 다 때가 있다. 그리고 그것을 관장하는 것도 뇌의 활동이며 시냅스의 변화이다.

시냅스의 변화는 유전자 프로그램으로 결정되는데, 그 회로가 정교해지면서 기능이 발달하는 것을 경험 기대적 발달이라고 한다. 경험 기대적 발달은 정상적인 환경에서 자라는 모든 아이에게 일어나는 뇌의 변화로, 시각과 청각, 언어 영역의 발달이 여기에 속한다.

정상적인 뇌가 시각이나 청각적인 자극에 노출되면, 아기의 뇌는 적절하게 연결된 네트워크로 시냅스를 정리해서 엄마의 모습이나 말을 인식하고 반응할 수 있게 된다. 물론 아무리 완벽한 뇌라도 36개월이 될 때까지 시각적인 자극을 전혀 받지 못한다면, 그 아이는 영원히 앞을 보지 못하게 된다. 만일 13세까지 아무 말도 듣지 못한다면, 그 아이는 언어를 배우지 못할 가능성이 매우 크다.

선택적인 소멸을 하는 뇌는 적당한 때에 자극이 없이 지나가면 그 과제를 수행하도록 할당된 뉴런이 잘려나가거나 다른 과제를 수행하도록 새로 배당되기 때문이다. 따라서 영유아 시기에 뇌 발달이 적절하게 잘 이루어지기 위해서는 감수성기 동안 여러 가지 자극에 노출되어야 한다. 만일 이 시기를 놓치면 아기의 뇌 발달이 지연되거나 왜곡될 수 있다. 이런 경험 기대적인 발달에는 반드시 결정적인 시기가 있다. 또한 극단적인 결핍이 없다면 대부분 자라면서 온몸으로 부딪쳐서 하는 경험으로 뇌는 자연스럽게 신경 체계를 단단히 하게 된다.

### ● 경험 의존적 발달은 외부의 특정 자극이나 선택적 자극에 대한 반응

한편 개인의 경험이나 반복된 학습에 의해 시냅스가 연결되고 형성되어 뛰어난 모습을 보이는 것을 경험 의존적 발달이라고 한다. 경험 의존적 발달은 감수성기의 발달 과정과 궤도를 함께하는데, 외부 환경에서 받는 특정 자극이나 선택적인 자극에 민감하게 반응한다. 외국어 습득과 악기 연주 등의 기능 발달과 경험 의존적 발달은 깊은 관련이 있을 뿐만 아니라 개인의 편차도 크다.

그렇다면 감수성기의 자극을 남보다 강하거나 많이 해서 머리를 좋게 하는 것이 가능할까? 아니다. 경험 기대적인 발달은 아이에게 주어지는 결정적 시기를 놓치지 않는 것이 중요하긴 하지만, 더 많고 큰 자극을 받아도 남보다 2배 이상 발달하지 않는다.

즉, 시각에 국한해서 예를 든다면 시각 발달은 대개 생후 12개월 이내에 이루어진다.

더불어 부모가 아이를 훌륭한 화가로 만들고 싶어서 시각적인 자극만 다른 아이보다 10배 이상 준다고 해도 그 아이의 시각이 다른 아이보다 2배 이상 높아지지는 않는다. 뇌는 얼마나 많은 자극을 받느냐가 아니라 제때 노출되었느냐가 더 중요하다는 사실을 반드시 명심해야 한다.

---

### 아이의 머리가 좋아지는 음식

**① 잠들기 전에 따뜻한 우유**

우유 속에는 수면리듬을 조절하는 트립토판이 들어 있다. 사람의 기분을 좋게 하고 치매 예방에도 효과가 있다고 알려진 '트립토판'은 아이의 뇌에 꼭 필요한 신경전달물질인 세로토닌의 재료이기도 하다. 때문에 트립토판의 흡수율을 높이는 게 좋은데, 이 흡수율을 높이려면 당이 있어야 한다. 그러니 취침 전에 따뜻한 우유에 설탕을 조금 넣어 마시게 하면 잠자는 아이의 뇌에서 세로토닌 신경계를 좀 더 활성화할 수 있다.

---

## ② 참기름이 최고

뇌의 건조 중량의 약 50퍼센트는 지방이다. 그만큼 뇌의 발육에는 리놀산을 비롯한 n-6계 필수지방산과, 어류에 많은 a-리놀렌산을 비롯한 n-3계 필수지방산이 꼭 필요하다. 지방이 부족하면 뇌의 발육이 제대로 되지 않는다. 건강에 좋은 올리브유는 리놀산이 없으므로 피하고, 리놀산이 풍부한 홍화씨 기름이나 참기름을 먹는 게 좋다.

## ③ 고등어로 DHA 섭취

머리를 좋게 한다는 영양제를 무분별하게 먹이면 머리가 좋아지기 전에 뇌세포가 노화할 수도 있다. 두뇌에 좋다고 알려진 DHA는 지방산이고, 지방산은 공기 중의 산소와 결합해 산화가 시작되는데, 산화된 DHA는 뇌에서 활성산소 발생의 원인이 되기도 하기 때문이다. 차라리 DHA가 풍부한 등 푸른 생선 등 천연 식품을 섭취하는 것이 안전하다.

## ④ 칼슘과 철분의 섭취는 필수

칼슘도 뇌에 없어서는 안 될 영양소이다. 물론 뇌의 신경세포에 0.1퍼센트 정도만 들어 있는데, 이렇게 소량의 칼슘이 뇌의 정보 전달에서는 매우 중요한 일을 한다. 또 혈액 중에 철분이 부족하면 뇌로 공급되는 산소 부족을 일으킨다. 특히 태아기를 비롯한 뇌의 발달 초기에 철분이 부족하면 아기의 뇌 발육에 심각한 영향을 미칠 수 있다. 영유아기 시기의 뇌 발달은 때를 놓치면 아무 소용이 없다.

## 08 컴퓨터 게임이
## 아이의 뇌를 망친다

**⁝ 놀이를 통해 아이의 뇌는 흥분과 억제가 조화롭게 발달한다**

뇌의 무게는 전체 체중의 2퍼센트에 불과하지만, 우리 몸이 사용하는 전체 에너지의 20퍼센트를 소비한다. 또한 아이들도 생각을 많이 할수록 칼로리가 많이 소비된다. 그런데 요즘 아이들은 밖에서 여러 친구들과 어울려 놀 기회가 거의 없고, 설사 그런 기회가 와도 제대로 어울려 놀 줄을 모른다. 더구나 평소 친분이 없는 불특정 다수의 아이들과는 거의 놀지 않는다고 봐야 한다.

하지만 아이에게 여러 가지 형태로 놀 기회를 주는 것은 중요하다. 공기놀이나 구슬치기, 팽이치기 등 아주 옛날 어린이들이 하던 놀이를 가르쳐주는 것도 좋고, 형이나 누나가 즐겁게 뛰어노는 모습을 보게 하는 것도 좋다. 아이들은 대부분 그런 상황에서 신선한 자극을 받기 때문이다. 아이가 마음껏 흥분하고 그 속에 빠지도록 해주는 것, 힘껏 놀 수 있도록 해주는 것은 뇌의 발달에 필수적이라고 해도 된다. 왜 그럴까?

뇌가 발달하는 과정에서 흥분은 억제를 앞선다. 정보 전달을 조정하고 균형을 갖기 위해서는 아이의 뇌에 흥분이 꼭 필요하다. 흥분이라고 하니까 부모 입장에서는 아이가 너무 흥분하는 것은 나쁜 증상이 아닐까 걱정할 수도 있다. 그러나 정해진 규칙이 없더라도 아이가 누군가와 마음껏 뒤엉켜 놀면서 흥분하는 경험은 뇌의 자극과 발달에 매우 효과적이다.

아이가 가진 모든 힘을 마음껏 발휘하면서 놀면 역동적인 몸의 움직임이 뇌를 자극하고 흥분을 유발하는데, 이때 아이의 뇌는 흥분과 억제가 조화롭게 정립되기 때문이다.

뇌세포 관련 연구에 의하면 뇌 안에서 20퍼센트의 억제성 세포가 기능을 제대로 해야 80퍼센트의 흥분성 세포도 기능을 잘할 수 있다. 즉, 흥분하기 때문에 억제할 수 있으며, 억제하기 때문에 흥분할 수 있다는 것이다. 그러니 건강한 뇌의 발달을 원한다면 마음대로 뛰어놀게 하는 게 좋다. 1주일에 3번, 30분씩만 운동해도 학습력과 집중력이 15%나 좋아진다는 보고도 있다. 운동하면 증가하는 두뇌신경촉진인자(BDNF)라는 물질이 기억력과 집중력을 높여주기 때문이다.

또한 요즘은 옷이 더러워지고 세균이 많고 불결하다는 이유로 모래를 가지고 노는 것도 피하는 부모가 많다. 그러나 손에 잘 잡히지 않는 모래를 가지고 놀면서 쥐락펴락하면 촉각을 자극할 수 있고 간질간질, 보들보들, 까칠까칠 등의 미세한 촉감을 경험하면서 아이의 뇌는 더 발달한다.

책을 읽거나 동물이나 식물, 곤충, 천체 등의 자연을 관찰하면서 놀라고 흥분하는 경우도 있다. 아이에게는 이런 흥분도 좋은 경험이다. 하지만 무작정 대자연에 아이들을 데리고 가기만 하면 저절로 흥분하는 것이 아님을 알아두자.

## ● 빌 게이츠와 스티브 잡스가 아이들에게 스마트폰을 통제하는 이유

아이들을 대자연 속으로 풍덩 빠뜨려 마음껏 흥분하게 하려면, 우선 자연과 어떻게 친해져야 하는지 접촉하는 방법부터 가르쳐줘야 한다. 이 바다는 어떤 바다인지, 이 강은 무슨 강인지 기본적인 설명이 필요하다. 그리고 왜 바다와 강에 사는 생물이 다른지, 그 생물들은 어떤 존재인지, 어떤 나무와 꽃이 피고 지면서 계절의 변화를 만들어내는지 이야기해주자. 그런 후에는 자연과 인간은 어떤 관계를 맺고 살아가는지도 체험을 통해서 실제로 느낄 수 있게 해주어야 한다.

뇌의 흥분과 자극을 지금까지 이야기했는데, 아이를 또 흥분하게 하는 한 가지가 남아 있다. 그렇다. 아이들이 가장 좋아하는 것으로 첫손에 꼽는 컴퓨터 게임이나 스마트폰 게임이다.

아이들은 울다가도 게임을 하게 해준다고 말하면 울음도 뚝 그치고 금방 말도 잘 들을 만큼 게임을 좋아한다. 그만큼 게임은 아주 자극적이고 재미있어서 아이들의 마음을 빼앗기 쉽다. 어떤 부모들은 게임을 조금씩 하는 것은 괜찮다고 생각하고, 어떤 부모들은 전혀 그런 생각 없이 게임이나 프로그램에 아이를 아주 맡기는 경우도 있다.

그렇다면 텔레비전의 만화영화나 아이들을 위한 프로그램을 보고 게임을 하는 것도 아이를 흥분시키고 뇌를 발달하게 할 수 있을까?

우선 좋은 예로 마이크로소프트 창업자인 빌 게이츠와 아이폰과 아이패드를 개발한 스티브 잡스를 살펴보자. 1남 2녀를 둔 빌 게이츠는 아이들이 14세가 될 때까지 스마트폰을 사주지 않았다고 알려져 있다. 스마트폰을 사준 후에도 규칙을 엄하게 정해서 식사 시간, 저녁부터 잠잘 때까지는 스마트폰을 금지했다. 분별력이 부족한 아이들에게 조절 능력을 가르치기 위해서 그렇게 엄격했다는 것이다. 스티브 잡스도 마찬가지이다. 그는 아이들이 집에서는 아이패드를 사용하지 않을 뿐만 아니라 스마트폰 사용도 통제한다고 말했다.

최첨단 기계와 기술로 세계 최고 부자의 반열에 오른 이들은 왜 자신의 아이들에게 스마트폰을 멀리하게 했을까? 그들은 아이들이 스마트폰이나 여러 가지 게임에 빠지지 않게 하기 위해 독서를 시키고 밥상머리에서 많은 대화를 하면서 생각하는 힘을 기르도록 함께 노력한 것이다.

텔레비전을 보거나 스마트폰으로 게임을 하고 있을 때 흥미진진해하는 아이의 표정을 보면 아이의 뇌에서 흥분 → 억제 → 흥분 → 억제의 활동이 활발하게 전개되고 있다는 것이 분명하게 보인다. 그러나 텔레비전을 오래 보거나 게임을 너무 오래 하면 그런 자극이 기억력과 사고력을 주관하는 전두엽을 그냥 지나친다는 사실이 최근 연구에서 밝혀졌다.

즉, 하루에도 몇 시간씩 게임을 하는 아이의 경우, 시각피질에서 두정엽의 순으로 인지된 시각 정보가 전전두엽을 통과하지 않고 운동피질로 바로 전달된다는 것이다. 말하자면 생각도 하지 않고 손이 움직이도록 훈련돼버리는 상태라는 뜻이다.

텔레비전이나 게임기 앞에서 몇 시간씩 집중하고 앉아 있는 아이의 뇌는 모두 이처럼 아무 생각 없이 머리가 텅 비어버리는 상태가 비교적 빈번하게 일어난다. 그래서 스마트폰이나 텔레비전 시청과 여러 가지 게임 등은 최대한 늦은 시기에 접하게 하는 것이 좋다.

# 아이의 뇌 발달에 스마트폰은 독약이다!

우리는 지금 스마트폰과는 떼려야 뗄 수 없는 삶을 살고 있다. 어쩌면 앞으로는 모든 일상이 스마트폰을 통해 영위될지도 모르겠다. 그러나 이제 자라나기 시작하는 아이들한테 스마트폰은 나쁜 영향을 미친다.

아이들의 뇌는 6세까지가 가장 많이 자라고 발달하는 시기인데, 이때 스마트폰을 가지고 놀면 뇌의 심각한 불균형 상태를 초래한다. 즉, 뇌는 운동, 행동, 감정 등 비언어적이고 감각적인 기능을 담당하는 우뇌가 먼저 발달하기 시작하고, 3세에 접어들면서 언어나 신호의 인지 등 논리적인 기능을 담당하는 좌뇌가 발달하는데 이 균형이 깨진다는 뜻이다.

우뇌가 발달하고 활성화되어야 할 시기에 좌뇌만 발달하면서 우뇌의 활성화를 방해하는 결과를 가져온다. 이렇게 되면 아이의 말이 또래보다 더디거나 성격이 산만해지고, 또 어떤 행동이나 물건에 과도하게 집착하게 된다. 이런 현상이 오래 이어지고 진행되면 ADHD(주의력결핍 과잉행동장애)나 발달장애가 될 수도 있고, '유아 스마트폰 증후군(Toddler Smartphone Syndrome, 6세 미만의 아이들이 스마트폰의 동영상이나 게임에 오래 노출되어 우뇌가 발달해야 하는 시기에 좌뇌만 더 발달하여 좌우 뇌 균형이 깨지는 현상)'으로 이어질 수도 있다.

### 1. 아이가 어떤 난리를 쳐도 스마트폰을 빼앗아야 한다.

어린아이가 스마트폰을 많이 접하면 뇌 발달에 불균형을 부른
다. 또 이런 불균형이 ADHD를 만들 수도 있다. 스마트폰 집착은
커서도 학습 의욕을 떨어뜨리고 집중력도 해치니까 유아기에는
무조건 차단해야 한다.

### 2. 임시방편으로도 주면 안 된다.

흔히 아이가 심하게 울거나 떼를 쓰면 아이를 달래기 위해 임시
방편으로 스마트폰을 잠시 건네는 경우가 있다. 그러나 아이가 스
마트폰 때문에 울음을 멈추거나 태도가 달라진다면 장차 아이의
두뇌 발달에 매우 해로울 것이라는 각오를 해야 한다.

### 3. 스마트폰으로 포상하는 것은 금물이다.

아이한테 성적이 오르거나 혹은 말을 잘 들으면 스마트폰을 사
주겠다는 약속을 하는 경우도 많이 본다. 아이한테 적절한 포상을
하는 것은 좋지만 스마트폰은 좋은 선물이 될 수 없으니 그런 약
속은 애초에 하면 안 된다.

### 4. 최대한 늦게 준다.

아이가 어릴수록 자제력이 부족하고 충동적이기 쉬운데, 스마
트폰은 불난 곳에 기름을 붓는 것과 같은 역할을 한다. 사리 분별
을 하는 초등·중학생들조차 스마트폰 게임에 빠질 확률이 높고,
게임은 몰두하면 할수록 더 큰 자극과 중독을 불러온다는 사실을

명심해야 한다.

### 5. 야외 활동을 많이 하도록 한다.

스티브 잡스는 자신의 아이들한테 스마트폰을 주지 않았다. 그 만큼 아이한테 좋을 게 하나도 없다는 소리이다. 아이가 평소 스마트폰을 끼고 놀면서 집에 있기를 더 좋아한다면, 아이의 두뇌와 몸이 망가지고 사회성도 떨어질 수 있다는 각오를 해야 한다.

### 6. 스마트폰 어플은 창의력을 마비시킨다.

아이가 스마트폰을 너무 좋아하고 기기를 잘 다루는 게 큰 자랑이 아니다. 교육용 어플이라도 어플은 대부분 게임의 원리와 같아서 교육적인 효과가 좋다고 할 수 없다. 오히려 스마트폰은 아이가 아무 생각을 하지 않아도 진행되는 프로그램이 대부분이기 때문에 결국 아이의 창의력을 죽이는 결과를 낳는다.

### 7. 가족이 모두 습관적인 사용을 자제한다.

머리가 좋은 아이를 잘 키우기 위해서라도 집에서는 스마트폰 사용을 온 가족이 자제하는 게 좋다. 부득이하게 사용해야 한다면 아이가 보지 못하는 곳에서 최소로 사용하는 게 바람직하다. 평소 온 가족이 집에서는 스마트폰을 한 곳에 모아두고 서로 자제하는 생활 습관을 가지는 것도 좋은 방법이다.

## Chapter 5

# 언어 영재아를 위한 영재교육

## 01 영유아기의 뇌가 언어 발달을 결정한다

**⫶ 생후 13~20개월 사이에 아이의 뇌는 언어 발달을 위해 특화된다**

신생아들은 단지 자궁 속에서 들었다는 이유만으로 엄마의 음성과 모국어를 다른 소리보다 더 듣기를 좋아한다. 아기는 생후 1개월이 지나면서부터 울음소리 외에 '아'나 '우' 같은 간단한 모음 소리를 낼 수 있다. 생후 2개월에 목구멍과 입, 혀를 지배하는 신경들이 발달하기 때문에 옹알이도 시작한다.

생후 5개월이 되면서 아기는 자기가 말을 듣고 현재 사는 나라에 맞는 억양으로 바뀐다. 즉, 한국 아기는 한국어의 억양이 되고, 미국 아기는 영어의 억양으로 바뀌는 것이다.

아기는 생후 7개월이 되면 주위 어른의 발성을 흉내 내어 모음뿐

이던 발성에 자음이 섞여 "빠아 빠아"와 같은 말을 하기 시작한다. 그러다가 생후 10~15개월이 되면 처음으로 의미 있는 단어를 말하는데 물건과 단어를 연결하기 시작하는 시기이다. 이 시기 아이들의 어휘력은 50개 정도로 단어를 말할 때부터 폭발적으로 증가하는데, 생후 13~20개월 사이에 두뇌는 언어 발달을 위해 특화된다. 언어가 대뇌의 넓은 부분을 이용하다가 생후 20개월이 되면 좌측 측두엽과 두정엽만 이용하게 되기 때문이다.

24개월부터 만 6세까지는 하루에 여덟 개 정도씩 단어가 늘어나고, 이 속도는 초등학교 내내 계속 유지된다. 결국 이런 속도로 아이가 만 6세가 되면 약 1만 3,000개의 단어를 이해할 수 있게 된다.

문장의 발달을 보면 생후 18~24개월 사이에 단어들을 결합하기 시작하는데, "먹는다 엄마가"라고 하지 않고 "엄마가 먹는다"라고 순서를 지켜서 하려고 한다. 문장도 처음에는 명사만 이용하다가 다음으로 명사와 형용사를 합하거나 명사와 동사만으로 이루어진 두 단어 문장으로 진화한다. 급기야 간단한 조사가 더해져서 언어와 언어의 연결이 제대로 이루어지게 된다. 48개월이 되면 아이는 단순한 가정문이나 조건문도 사용할 줄 알게 된다.

만 5~7세가 되면 아이에게 어휘력이 생기고, 문장도 점점 더 길어지고, 대화도 잘하게 된다. 더구나 낱말이 본래의 뜻 이외의 무엇인가에 해당된다는 것을 알게 되는 시기이므로 부모는 낱말의 뜻을 잘 설명하기 위해 예를 들 수 있어야 한다.

또한 이 시기의 아이는 문장에 나오는 지식 정보를 전체로 통합해서 받아들일 수 있게 된다. 즉, 대상물과 대상물 사이의 관계라든가 말하는 사람과 듣는 사람과의 관계, 한 사건과 다른 사건과의 관계, 현재의 대화와 과거 대화와의 관계를 전체로 통합해 이해할 수 있게 된다.

이렇게 아이의 뇌는 적절한 시기에 모국어에 충분히 노출되기만 하면 예정대로 언어 능력이 자라고, 만 4세가 되기 전에 유창하게 말할 수 있고 많은 단어를 기억하며 문법을 이해하게 될 것이다.

### ⁞ 아이 뇌의 베르니케 영역에서 언어의 이해를 담당한다

아이들의 언어 발달과 두뇌 발달은 어떤 상관관계를 가지는 것일까? 생후 13개월부터는 듣거나 말하는 단어가 좌뇌, 우뇌 모두의 뉴런을 활성화한다. 그러면서 아기마다 처한 환경과 개인적인 경험이 상호작용하면서 두뇌가 발달하고, 24개월이 가까워오면 언어는 하나의 반구로 특화되고 대부분의 좌뇌가 그 일을 맡게 된다.

청각신경은 대각선으로 교차해서 반대쪽 대뇌 반구로 연결된다. 그래서 부모가 정보를 전달하거나 논리적인 말을 할 때는 아이의 오른쪽 귀에 들려주면 곧바로 좌뇌로 가게 되어 그 말을 훨씬 빨리 받아들일 수 있다. 반대로 음악이나 자장가, 감성적인 말들은 왼쪽 귀에 대고 해주면 우뇌가 반응해 훨씬 잘 받아들일 수 있다.

뇌에서 언어의 이해를 담당하는 영역은 두정엽과 측두엽 경계에 있는 베르니케 영역이다. 베르니케 영역은 단어와 문장의 의미를 파악하며, 각 단어의 의미를 이해할 때 활성화된다.

한편 전두엽의 브로카 영역은 혀, 얼굴, 턱, 후두를 움직여 말을 만드는 기능을 담당한다. 브로카 영역은 어순이 서로 다른 문장을 비교할 때, 또는 어순의 의미와 정확성을 인식해야 할 때 활성화되므로 문법 구조도 담당한다.

연구에 따르면 베르니케 영역의 시냅스는 8~20개월 사이에 수적으로 절정에 달하며, 브로카 영역은 15~24개월에야 최고에 달한다. 특히 수초화로 기능이 빨라진 뉴런층은 브로카 영역에서 생후 4세가 지나야 비로소 생겨난다. 따라서 이때가 되어야 아기들은 복잡하고 문법에 맞는 긴 문장을 말할 수 있게 된다.


## ⦂ 아이가 5,000시간 이상 모국어에 노출되려면 약 2~3년이 걸린다

언어의 시냅스 수가 절정에 도달하는 유아기는 언어를 전달할 가장 최적의 신경회로를 고를 수 있는 기회이다. 많은 단어를 접하면 접할수록 언어 발달을 증진하는 뇌의 신경회로가 더 정교하게 형성되고 활발하게 활동하기 때문이다. 하지만 그렇지 못한 아이의 뇌에서는 언어와 관련된 시냅스가 떨어져나가 신경회로 자체가 없어질 수도 있다.

늑대인간처럼 사회적으로 격리되는 등 언어에 노출될 기회가 없어서 아예 말을 못하는 것도 말을 배울 수 있는 결정적 시기를 놓쳤기 때문이다. 논리력, 수리력, 사회성, 지능 등 여러 가지 인지 기능이 모두 발달한 아이의 뇌가 가장 필요로 하는 것은 언어의 충분한 노출이다. 여기에서 말하는 충분한 노출은 5,000시간 정도를 말한다.

아이가 5,000시간 이상 언어에 노출되려면 약 2~3년이라는 시간이 필요하다. 만약 그 중간에 모국어가 아닌 다른 나라 언어의 조기 교육까지 한다면 시간은 더 늘어날 수도 있다.

뇌는 전두엽이 잘 발달해야 논리력, 수리력, 사회성, 아이큐 등이 좋아진다. 거기에다 아이가 모국어에 충분히 노출되는 경험은 전두엽의 주의 집중력과 자기 조절력을 높인다. 결국 아이는 이런 경험을 통해서 정보의 활용 능력을 극대화한다.

일반적으로 아이들은 처음에 모국어를 접할 때 일부러 단어를 외우거나 문법을 따져서 말을 배우지 않는다. 단지 호기심을 가지고 눈으로 특정한 사물에 주의를 집중하고, 귀를 통해 들리는 여러 가지 소리에 주의를 기울여 들으면서 뇌가 스스로 시각적인 자극과 소리와의 관계를 파악하여 수용언어로 인지하는 것이다.

이런 방식으로 아이들은 그 짧은 시간에 수백 개의 단어를 사용해 모국어를 정확하고 유창하게 말하게 된다. 뇌가 모국어에 선택적

주의 집중을 하기 때문이기도 하다.

한 연구에 따르면, 유치원에 들어갈 나이가 될 때까지 언어적으로 빈곤한 가정에서 자란 아이와 언어적으로 풍부한 자극을 받고 자란 아이 사이에는 어휘에서 이미 3,200개나 격차가 벌어진다.

때문에 아이가 36개월이 되기 전까지 적극적이고 활발한 의사소통을 하고, 적극적인 그림책 읽어주기를 통해 모국어에 5,000시간 이상 노출시켜야 한다. 이해력, 논리력, 판단력, 수리력 대부분이 모국어 노출 과정에서 길러지기 때문이다. 그리고 이런 아이들이 결국 커서는 독서왕이 된다.

## 02 수다쟁이 부모가 말 잘하는 아이로 키운다

**⦂ 아기의 언어 발달은 부모가 아기에게 하는 말의 양에 따라 결정**

《넬슨 소아과학 교과서(Nelson Textbook of Pediatrics)》에 따르면, 아이들의 언어 발달에 관여하는 뇌의 언어중추는 초당 700개의 시냅스 형성 과정을 통해서 매우 빠르게 발달하는데, 주로 경험에 의존한다. 또한 언어중추는 생후 8개월까지 발달 속도가 차츰 증가하다가 24개월이면 완성이 끝난다. 즉, 아이들의 말문이 막 트인다고 생각되는 초기에 언어중추는 이미 완성된다는 것이다.

아기의 언어 발달은 부모가 아기에게 하는 말의 양에 따라 결정된다. 엄마가 말을 많이 해준 20개월 아기는 말을 많이 해주지 않은 아기에 비해 평균 131개나 많은 단어를 익혔다는 연구 보고도 있다.

또한 이런 차이는 24개월이 되면 더 늘어나서 295개나 되었다는 것이다. 또 다른 연구에서도 아기에게 자주 말을 걸고 아기의 말에 적극적으로 반응하는 부모의 아기들이 그렇지 않은 아기들에 비해 아이큐와 어휘력에서 높은 점수를 받는다는 것이 나타났다.

아이큐 검사와 언어 검사에서 최고 점수를 받은 36개월 아기들도 13~24개월 때 단어를 가장 많이 접했다고 한다. 결국 많은 연구자들은 말하기, 읽기, 쓰기가 학업뿐 아니라 성장한 후에 직업 성공의 핵심 능력이라고 주장한다. 어릴 때 말을 잘하는 아기가 다른 아기보다 아이큐가 좋다는 것은 널리 알려진 사실이다. 그만큼 언어는 배우면 배울수록 쌓이는 것이라서 말을 일찍 시작하면 문장이나 문법도 일찍 익힐 수 있다. 이것은 논리력, 사고력, 수리력에도 영향을 준다.

부모가 하는 말의 다양성도 중요하다. 부모의 말에 포함된 명사와 형용사의 종류가 다양하고 문장이 길수록 아기들의 언어 능력이 빨리 발달하기 때문이다. 특히 "그만해", "안 돼"와 같이 부정적인 말을 많이 듣고 자란 아기들의 언어 능력은 그렇지 않은 아기들에 비해 떨어진다고 한다.

한편 초등학교 들어갈 때까지 아기들의 언어 능력을 계속 추적해 보면 영유아 때 언어 능력의 격차가 그대로 이어진다는 것을 알 수 있다. 어렸을 때부터 말을 잘 익히지 못하고 언어 이해가 더딘 아기는 글자도 빨리 익히지 못하고 읽는 내용의 이해력도 부족하다.

아기의 언어 발달을 위해 동영상이나 텔레비전 등을 보여주기보다 쉽고 간단한 아기 중심의 낱말로 아기와 대화를 많이 하는 게 좋다. 또한 수다쟁이 부모가 되어 아기에게 많은 말을 들려주고 별 의미 없는 말에도 크게 반응하며 아기의 호기심을 끌면 더 효과적이다.

## ● 부모가 신생아 때부터 눈을 마주치고 대화를 많이 나누어야 한다

아이의 언어 발달을 위해서는 언제부터 신경을 써야 하는 것일까? 장난감처럼 언어도 특별히 준비해야 할 환경 같은 것이 있는 것일까?

아이의 올바른 언어 발달을 위해서는 부모가 신생아 때부터 눈을 마주치고 대화를 많이 나누어야 한다. 아기들은 상호작용을 통한 모방 능력을 가지고 있기 때문이다. 길게 오래 대화하지 않더라도 엄마가 아빠나 다른 어른과 대화하는 모습을 보여주면 더 좋다. 사람의 소리라는 이유로 텔레비전이나 동영상을 통한 대화를 들려주는 것은 아기에게 전혀 도움이 되지 않는다.

아기가 부모나 어른들의 말을 듣고 여러 가지 단어나 문장에 자연스럽게 노출되면 언어에 훨씬 더 빠르게 관심을 갖게 된다.

또한 엄마는 아이와 놀이를 함께할 때는 물론 평소에도 여러 가지를 설명하는 수다쟁이가 될 필요가 있다. 아기는 엄마를 통해서 많은 언어에 노출되기 때문이다. 다만 다음과 같은 상황은 주의한다.

첫째, 아이가 알아들을 수 있는 명확한 단어로 간단하게 말한다. 이것저것을 다 합해서 문장으로 길게 말하면 이해하기가 힘들다.

"저녁 먹자"라고 하면 될 것을, "예쁜 옷을 입고 식당에 가서 아빠랑 저녁밥을 먹고 오자"라고 하면 아이는 그 말을 다 이해하지 못한다.

둘째, 엄마 혼자 떠드는 일방적인 수다는 아무 소용이 없다. 아이한 테 눈을 맞추고 반응을 보면서 적절하게 대응하는 태도가 중요하다.

셋째, 아이의 서투른 말을 진지하게 듣고 대답하는 동안 끝까지 기다려줘야 한다. 말을 시작한 아이들이 엉뚱한 단어를 쓰거나 망설 이는 모습을 보이는 것은 자연스러운 일이다. 이때 귀엽다고 부모가 웃을 수도 있는데, 아이는 놀림을 받는다고 느낄 수 있기 때문에 조 심해야 한다.

넷째, 아이의 말을 끝까지 들어주는 태도가 중요하다. 아이가 완 벽하지 않거나 틀린 단어를 말한다고 중간에 자르고 지적하는 태도 는 절대 금기 사항이다. 더구나 꾸짖는 태도는 아이의 언어 발달에 매우 나쁜 영향을 미친다.

많은 아이들은 이런 노력으로 신생아 때부터 말 배우기 과정을 거치면서 36개월이 지나면 문장을 구사하고 마침내 자신의 생각과 상상을 말할 수 있게 된다.

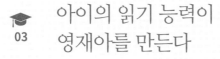

# 03 아이의 읽기 능력이 영재아를 만든다

**• 아이의 두뇌 발달에서 기초체력은 바로 읽기 능력이다**

일반적으로 아이의 머리가 좋아지려면 뇌세포 사이에서 정보를 전달하는 신경전달물질이 충분히 만들어져야 한다. 또한 신경전달 물질인 아세틸콜린의 원료인 콜린이 잘 관리되어야 한다. 콜린은 또 뭘까?

콜린은 뇌의 지질 성분이자 아세틸콜린의 원료인데, 뇌의 30퍼센트 정도를 차지한다. 이 아세틸콜린이 분해되지 않고 뇌 속에서 잘 유지되어야 뇌가 건강해지고 머리가 좋아지는 것이다. 그런데 이것은 뇌가 어떻게 돌아가는지에 대한 시스템을 말하는 것이다. 실제로 이런 시스템과 성분으로 아이 뇌는 움직이지만, 머리를 좋게 하려면 아이를 키우는 과정이 더 중요하다고 할 수 있다.

그런 일환으로 하버드 대학교의 캐서린 스노(Catherine Snow) 교수는 그림책 읽기와 '밥상머리 대화'의 양이 향후 아이의 언어 발달과 두뇌 발달을 결정하는 가장 중요한 요인이 된다고도 했다.

그렇다면 아이의 머리를 좋게 만들 수 있을까? 발달한 두뇌를 더 좋게 하려면 어떻게 하는 것이 좋을까? 물론 고기류, 콩류, 계란 노른자 등을 섭취해주는 것이 일차적으로는 도움이 된다. 하지만 우리가 생명을 유지하기 위해 먹는 것처럼 모든 일은 기초가 중요하다.

운동에서 기초체력을 중요하게 생각하듯이, 아이의 두뇌 발달에서 기초체력은 바로 읽기 능력이라고 해도 과언이 아니다. 아이의 읽기 능력은 측두엽의 발달을 촉진하고 두뇌 발달에 가장 효과적인 자극이 된다. 그래서 읽기 능력을 키우는 게 급선무이다.

## ⠶ 아이의 읽기 습관은 지식을 확장해주고 지능을 더 높인다

아이들은 처음에 글자나 단어들을 하나의 그림으로 본다. 부모가 길거리의 간판을 가리키며 읽어주는 글자로 간판을 읽게 되어도, 아이는 어른처럼 자음과 모음의 원리로 간판을 읽는 게 아니라 상표와 간판에 쓰인 글자 모두를 하나의 그림으로 읽는다.

그런 후 2단계로 넘어가면서 소리회로와 의미회로가 서서히 연결되기 시작한다. 즉, 글자를 소리로, 소리를 글자로 더듬더듬 옮길 수 있고, 자음과 모음을 합해서 소리 내어 읽고 의미를 연결할 수 있게 된다.

다음 3단계에서는 자동화가 이루어진다. 글자와 단어를 읽는 데 특화된 '단어상자'가 견고하게 조직화되어, 아이는 원하는 정보를 텍스트에서 자유롭게 찾아낼 수 있는 단계에 들어가는 것이다.

읽기에 능숙해지면 아이의 뇌는 모든 일을 동시에 자동적으로 수행하는 능력을 갖추게 된다. 연구에 따르면 뇌가 불필요한 정보를 여과하는 동안 기저핵과 전전두엽피질이 특히 활발하게 작동한다. 기저핵은 움직임을 조절하는 영역이고, 전전두엽피질은 합리적, 이성적 사고와 문제 해결에 관여하는 영역이다.

움직임에 영향을 미치는 기저핵은 학습을 위한 연결을 강화할 때나 어떤 행동을 방해하거나 그 행동의 강도를 줄이기 위해 억제할 때도 활성화된다. 기억의 뇌가 모든 정보를 받아들이는 것은 아니다. 기억의 뇌는 주어진 과제의 부담 정도와 학습자의 성공적 학습 경험을 토대로 정보를 받아들인다.

미국 미시간 대학교의 심리학과 키스 스타노비치(Keith Stanovich) 교수의 1993년 연구에 따르면, 읽기 습관은 지식을 확장해주고 지능을 더 높인다. 그는 보통 읽기에 익숙하지 않은 초등학교 저학년은 1년에 10만 단어 정도를 읽고, 평범한 아이는 100만 단어를 읽지만, 책을 잘 읽는 아이는 1,000~5,000만 단어까지 읽을 수 있다고 한다. 즉, 일반적으로 책 한 권에 약 5만 단어가 들어 있다고 가정하면, 읽기에 익숙하지 않은 아이는 1년에 책 2권, 평범한 아이는 20권, 잘 읽는 아이는 200~1,000권을 읽는다고 볼 수 있다.

## ● 학습 능력에 대한 수많은 연구에서 독해 능력이 특히 중요하다고 보고

읽기에 익숙하지 않은 아이와 읽기를 잘하는 아이의 지적 능력은 시간이 갈수록 차이가 난다. 또한 지능이 발달할수록 문자를 해독하기 위해 들여야 하는 에너지 소모도 줄어든다. 아이의 두뇌에서 문자만을 인식하는 영역이 따로 발달하기 때문이다.

향후 이 영역의 발달 여부에 따라 분당 최대 500단어까지 읽을 수 있는 아이가 되는가 하면, 분당 20~30단어도 힘들게 읽는 아이가 되기도 한다.

학업과 직업 능력에 대한 수많은 연구에서 독해 능력이 특히 중요하다고 보고되어 있다. 그뿐만 아니라 어려서 읽기를 제대로 배우지 못하면 고학년이 됐을 때 공부를 잘하기 어렵다.

결국 아이가 능숙하게 글을 읽을 수 있게 되면 아이가 사용할 수 있는 작업기억의 공간이 늘어난다. 읽자마자 이해할 수 있는 단어가 늘어나면 자동적으로 아이는 뇌에서 음운 디코딩 작업을 하게 되면서 작업기억이 늘어나 생각하고 추론하는 능력이 커지고 감정과 경험적인 지식도 통합할 수 있게 된다. 그래서 수많은 정보를 처리할 수 있는 작업기억의 여유를 가지고 책을 읽으면 더 창의적인 생각을 하게 되고 머리도 좋아지는 것이다.

그렇다면 읽기의 뇌를 발달시키려면 어떤 점에 유의해야 할까?

첫째, 아이들이 아주 어릴 때부터 글을 읽게 하려고 스트레스를 줄 필요는 없다. 하지만 아이가 과자 봉지나 거리 광고판의 글씨를 궁금해하면 기꺼이 읽어줘야 한다. 그걸 기회로 아이는 읽는 것이 재미있고 유용하다는 것을 깨달을 수 있기 때문이다.

둘째, 일상적인 대화는 99퍼센트가 불과 2,000개 이내의 단어로 이루어진다. 즉, 거기에서 거기인 일상적인 대화로는 아이가 수준 높은 단어를 접할 확률이 매우 낮다. 따라서 독서를 해야 한다. 책을 통해 얻을 수 있는 단어의 양과 질은 일상 대화에서 접할 수 있는 단어의 양과 질보다 월등하게 우위에 있기 때문이다.

셋째, 소리 내서 읽는 게 좋다. 모르는 단어가 많으면 속도를 내서 읽을 수 없으므로 기본 어휘를 두뇌 창고에 충분히 축적해야 한다. 뉴질랜드 빅토리아 대학교 언어응용학 교수 폴 네이션(Paul Nation)은 쉬운 글인 구어체 글을 이해하기 위해서는 6,000~7,000 단어를 알아야 하고, 어려운 글인 문어체 글을 이해하기 위해서는

8,000~9,000단어를 알아야 할 필요가 있다고 했다.

그만큼 숙지하고 있는 어휘의 양이 책 읽기에 큰 영향을 미친다는 증거이기도 하다. 상황에 따라 부모가 소리 내어 꾸준히 읽어주기만 해도 아이는 필요한 단어들을 두뇌에 확실히 담게 된다.

마지막으로 책은 종이책이 더 좋다. 종이책은 전자책에 비해 훨씬 분명한 존재감이 있고, 페이지를 넘기면서 두께와 질감, 냄새를 느낄 수 있어서 실감할 수 있기 때문이다. 종이책은 읽는 것이 더 자유롭고 장소에도 구애받지 않기에 아이에게 통제력과 자기주도성을 키워줄 수도 있다. 특히 가장 좋은 점은 아이가 내용을 장기기억화하기 유리하다는 것이다. 즉, 전자책으로 읽은 것과 달리 종이책은 확실한 기억을 남긴다.

## 신생아부터 12개월까지
## 그림책 읽어주기

**04**

**: 4~6개월에는 시각 자극과 함께 청각을 자극하는 것도 중요하다**

신생아부터 12개월까지는 아기의 감각 운동 발달 과정에 맞추어서 아기의 시각이 허용하는 범위부터 서서히 책에 접근하도록 해야한다. 널리 알려진 것처럼 초기에는 다양한 색깔로 이루어진 그림이 아닌, 흑백으로 굵은 선이나 원으로 도형이 그려져 있는 그림책이나 촉각 그림책이 좋다.

더러 그림책을 좋아하지 않는 아기가 있을 수 있다. 반드시 책을 좋아해야 한다는 법도 없다. 다만 그런 경우에는 아기의 호기심을 자극하는 그림책을 찾아주는 것도 하나의 방법인데 기어이 책을 끌어들이려고 무리하면 역효과가 날 수도 있다.

아기가 그림책을 좋아하는 것은 줄거리 때문이 아니라 소리나 음절에 리듬감이 있기 때문이다. 그러니 리듬감을 살려 천천히 읽어주면 좋다.

만일 아기가 그림책을 입으로 빨고 물고 있다면 "책을 입으로 빨고 있구나"라고 이야기해주고 아기가 책장을 넘기면 "책장을 잘 넘기네"라고 이야기해주면 더 좋다.

아기 때부터 너무 강한 영상과 기계음에 익숙해지면 부모의 목소리에 반응하지 않게 된다. 이런 반응도 극히 자연스러운 반응이다.

때문에 이런 일을 염두에 두고 불가피한 사정이 없는 한 오디오나 컴퓨터, 스마트폰 등을 이용하지 말고 직접 읽어주는 게 좋다.

4~6개월에는 시각뿐 아니라 청각을 자극하는 것도 중요한데, 바스락바스락 소리가 나거나 촉감이 느껴지는 촉각책을 주면 촉각과 청각을 자극해 부모와의 상호작용을 일으킬 기회가 많아진다.

물론 아기의 집중력이 3~5분 정도에 불과하기 때문에 아기가 뭔가를 알고 읽는다는 사실이 믿기지 않을 수 있지만, 부모가 일정한 시간에 책을 열심히 읽어주면 아기는 소리를 지르며 좋아하는 반응을 보인다.

7~12개월 아기에게도 이야기가 있는 책보다 사물을 분류하고 인지할 수 있는 사물 그림책이 좋다. 한두 마디로 시작해서 한 문장을 넘기지 않는, 한 줄 정도의 글이 담긴 책이 가장 적당하다. 또한 꽃이나 과일, 달과 같이 주변에서 흔히 볼 수 있는 것이나, 강아지나

고양이처럼 주변의 동물이 등장하는 책이 더 효과적이다.


### ⁞ 부모가 신생아에게 그림책을 읽어주는 요령


**1) 반응이 적다고 실망하지 말자.**

아기는 대부분의 시간을 잠에 취해 보낸다. 때문에 아기가 잠만 자다고 여기거나 그림책에 관심이 전혀 없다는 식으로 예단하면 안 된다. 아기의 사소한 반응에 얽매이기보다 그림책을 병풍처럼 잠자리나 침대의 주위에 둘러주는 등 시각적인 환경을 만들어주고 관심을 끌어보는 게 우선이다.


**2) 오감을 꾸준히 자극하자.**

부모의 목소리로 의성어와 의태어를 적절하게 살린 그림책을 읽어주면 아기가 매우 좋아한다. 운율감이 있고 재미난 표현이 많이 나오는 책일수록 아이의 오감을 더 자극하기 때문이다. 부모의 이런 모습과 자극은 인위적이 아니라서 아기의 반응도 훨씬 좋으니 적극적으로 읽어주는 노력이 필요하다.


**3) 그림책은 장난감임을 인지하자.**

이 시기의 아기에게 그림책은 부모나 어른이 생각하는 그림책이 결코 아니다. 그저 가지고 노는 장난감일 뿐이다. 부모는 이 장난감을 아기가 안전하게 가지고 놀 수 있도록, 즉 도구로 활용하도록 해줘야 한다. 가볍고 입에 넣어도 전혀 해롭지 않은 촉각 그림책을 선별해서 주고 자주 소독을 하고 위생 관리에도 신경을 써야 한다.

### ⁞ 아이에게 어떤 그림책과 장난감을 골라주어야 하나?

#### 1) 촉각 그림책

아기가 세상에 태어나서 가장 먼저 만나는 촉각 그림책은 시각, 청각, 촉각의 발달을 골고루 도와준다. 그러나 촉각 그림책은 책과 장난감의 경계에 있으니 장난감처럼 가지고 놀면서 책에 흥미를 느낀다는 점을 생각해야 한다.

촉각 그림책은 책장을 넘기는 즐거움이 있어야 한다. 때문에 아기가 다루기 쉬운 적당한 크기와 두께를 고려하고, 아기가 들기에 무겁지 않고, 혼자서 책장을 넘기기에 편리한 것을 선택한다.

이 시기의 아기는 그림책을 볼 수도 있겠지만 주로 핥고, 깔아뭉개고, 손으로 두드리고, 찢어버리기도 한다. 그래서 부드럽고 손에 잘 잡히는 헝겊류의 책이 좋고, 눌러도 푹신푹신한 스펀지가 들어있는 것이 좋다. 또한 물고 빨 때 삼킬 수도 있으므로 인체에 무해한 물감을 사용해서 만든 책을 골라야 하며, 소리까지 나는 책이 오감 발달에 더욱더 좋다.

### 2) 거울

거울은 아기가 자신의 여러 얼굴 표정을 보고 자신을 탐색할 수 있는 장난감이다. 아기를 아기용 의자에 앉히고 손이 닿는 곳에 거울을 놓는다. 부모가 먼저 거울을 손에 들고 거울에 비친 자기 모습을 보며 "거울 속에 누가 보이네"라고 이야기를 시작한다. 그다음 아기 앞에서 거울을 들어 올리면 아기는 그 속에 있는 또 다른 아기를 바라보고 손을 내밀어서 그 친구를 토닥인다. 그 거울 속의 아기를 가리키면서 "영수도 보이네! 너도 영수가 보이니?" 하고 말하는 것도 재미를 유발한다.

부모는 아이가 자신을 바라보는 동안, 아기의 얼굴 각 부분을 가리키면서 명칭을 말해준다. 장난감 박사인 스테번 아우에르바흐(Stevanne Auerbach)는 "거울을 통해서 아기는 자신의 눈, 코, 입, 머리카락, 손가락과 몸의 감각을 기른다"라고 말했다. 아기가 자신의 존재를 확실하게 인식하게 되면 자신감도 덩달아 생긴다.

### 3) 오뚝이

오뚝이는 아래쪽을 둥글고 무겁게 만들어, 여러 방향으로 움직이지만 쉽게 넘어지지 않기 때문에 아기의 호기심을 자극한다.

제품에 따라 멜로디가 나오거나 불빛 기능이 있어서 아이의 시각과 청각, 소근육 등의 감각 발달을 도와준다. 또한 시선을 아래 위, 오른쪽 왼쪽으로 움직이면서 방향의 개념을 익힐 수도 있다. 특히 아기가 6개월부터는 초점을 맞추기 때문에 시각적인 변화에 관심이 커서 오뚝이를 아주 좋아한다. 넘어뜨려도 다시 돌아오는 것을 보면서 원인과 결과를 파악하는 논리 수학의 기초 감각도 익힐 수 있다.

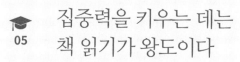

# 집중력을 키우는 데는
# 책 읽기가 왕도이다

**05**

**⠿ 자기 의지로 집중하는 초점성 집중력이 아이의 뇌를 키운다**

아이의 아이큐가 아무리 좋아도 집중력이 떨어지면 가지고 있는
능력을 제대로 발휘할 수 없다. 때문에 아이가 재능을 발휘하게 하
려면 어렸을 때부터 집중력을 키워줄 필요가 있다.

집중력은 '한 가지 일에 관심을 두고 골몰하는 상태'로서 '여러 자
극 중에서 중요하다고 생각되는 것에 집중적으로 주의를 기울이는
정신적인 힘'을 말한다. 즉, 아이가 어떤 놀이나 학습에 매달려 오랫
동안 꾸준히 하는 능력을 집중력이라고 할 수 있다.

집중력은 크게 반응성 집중력과 초점성 집중력으로 나눌 수 있
다. 우선 게임이나 텔레비전, 스마트폰 동영상 등 화려하고 자극적

인 볼거리에 집중하는 것을 반응성 집중력이라고 한다. 반응성 집중력은 갈수록 더 자극적이라야 반응하고, 더욱 자극적인 것을 원하기 때문에 중독과도 비슷하다. 아이에게는 바람직한 일이라고 할 수 없다.

그렇다면 초점성 집중력은 어떤 집중력일까? 초점성 집중력은 뇌를 키우는 집중력이라고 할 수 있다. 자극적인 볼거리에 집중하기보다 아이가 스스로 집중할 것을 선택한 후 자기 의지로 집중하기 때문이다. 이런 초점성 집중력이 높은 능동적인 아이들은 자제력이나 스스로 자신을 통제하는 능력도 탁월하다.


## ● 초점성 집중력을 높이려면 스스로 선택한 책 읽기가 최강의 왕도

일반적으로 집중력이 지속되려면 잠재적 억제가 필요하다. 잠재적 억제는 우리의 뇌가 다루어야 하는 자극과 정보에 우선순위를 매기고 선별할 수 있게끔 해주는 인지 과정이다.

예를 들어 우리가 어떤 공간에 들어설 때, 처음에는 그 공간의 냄새가 느껴지지만 시간이 좀 지나면 냄새가 없는 것처럼 느껴진다. 이는 뇌가 냄새의 정보를 등록하고 '유용하지 않음' 카테고리로 분류해 한쪽으로 치워버리기 때문이다.

소음의 경우도 마찬가지이다. 똑딱거리는 벽시계 소리는 우리를 성가시게 하지만 곧 조용해지면서 배경 속으로 녹아드는 것처럼 느껴진다. 이런 정보를 부차적인 것으로 분류해 처리하는 것이 바로 잠재적 억제이다.

그러나 아이들 대부분은 한 가지에 오랫동안 집중하는 일이 흔하지 않다. 아이들은 무슨 일을 하다가도 새로운 흥밋거리가 생기면 금세 다른 곳으로 관심을 돌려버린다. 또한 아이들은 한 곳에 오랫동안 집중하는 것을 못하지만 짧게 집중하는 능력은 성인보다 우수하다.

그렇다면 아이가 공부에만 집중하는 습관을 갖게 할 수 있을까? 학습의 집중력을 높이려면 초점성 집중력을 높여야 하는데, 이 집중력은 전두엽과 관련이 있다. 우리 뇌에서 전두엽, 그중에서도 전전두엽은 이성을 담당하는데 전전두엽이 활성화되어야 초점성 집중력이 높아지기 때문이다.

집중력은 정신적인 발달뿐 아니라 신체적인 성장과 운동 발달에도 도움을 준다. 거기에다 초점성 집중력을 높이려면 아이가 스스로 선택한 책 읽기가 최강의 왕도임을 부디 잊지 말자. 부모가 먼저 읽고 요약해서 이야기를 해준다거나 속독법으로 책 자체를 읽는 행위는 어떤 도움도 되지 않는다.

처음 접하는 두꺼운 책도 40~50분이면 읽을 수 있고, 한번 책을 읽으면 4~5시간은 꼼짝도 안 하고 책만 읽는 K군. 밥을 먹을 때도, 화장실에 갈 때도, 놀이터에서도 책만 읽는 K군은 심지어 하루에 71권을 읽은 적도 있다고 한다. 독서에 대한 몰입도가 상상을 초월하는 아이였다.

결국 방송국의 요청으로 K군의 독서 몰입도를 알아보기 위한 뇌파 검사를 한 적이 있었다. 일반적으로 뇌파를 찍으면서 책을 읽고 몰입하는 것이 쉽지 않은데, K군은 이마저도 아주 잘 해냈다.

45분 만에 책을 읽어낸 K군에게 방송 제작진이 몇 가지 테스트를 진행했는데, K군은 내용을 정확히 기억하고 있었다. 언제 어디에서나 책을 손에서 놓지 못하는 K군은 다섯 살에 한글을 다 깨치고 책을 읽기 시작했는데, 어휘 구사력과 독서량이 또래 친구들보다 확실히 우수하다.

하지만 K군은 이토록 많은 독서량에도 불구하고 성적이 좋지 않았다. 수업 시간에도 오직 독서에만 몰입하고, 학교생활 자체도 독서의 연속일 뿐이다. 검사 결과 책을 읽을 때 K군의 뇌파는 빠른 베타파(불규칙적인 뇌파로 알파파에서 감각 자극이 가해지면 변하는 뇌파로, 흥분하거나 특정한 과제에 집중할 때 우세하다)가 나왔다.

책 읽기에는 사고하고 판단하고 분석하는 방식이 있고, 몰입해서 빠지는 방식이 있는데, K군은 그저 빠져 읽는 독서였다. 또한 아이큐 검사 결과도 보통 또래와 같은 평균적인 수준이 나왔다. 다만 언어적인 사고력과 추상적인 사고력만 130 정도의 우수한 수준이었다.

### 솔루션

K군은 영재성이 보이지만 아직 미숙하고 빛을 발휘하지 못하고 있다. 어렸을 때 시를 쓰고 일기도 썼다고 하는데, 부모의 적극적인 지도가 없었다. 하루 종일 책만 읽어내는 아이를 걱정하는 마음에 쓰기를 못하게 했는데, 그것이 오히려 생각하고 분석하는 독서를 하지 못하게 한 것이다.

K군은 간접적인 지식이라고 할 수 있는 독서만 할 것이 아니라 자연 체험이나 과학 체험 등 직접 경험하는 학습과 놀이를 늘리는 게 좋다. 그리고 책을 읽더라도 토론하고 글을 써 내려가며 현재 축적한 독서량과 읽은 책에 대한 이야기를 접목하고 통합할 수 있어야 한다. 그대로 두면 K군은 책 속의 주인공들과 교감하며 책 속에만 갇히게 된다. 자신이 느끼고 생각한 바를 다른 사람들에게 표현할 수 있도록 지도해야 책을 통해 얻은 지식과 정보를 객관적인 시각으로 분석하고 비판하는 능력도 키울 수 있다.

# 말 잘하는 영재가
# 글쓰기를 못하는 이유

**⦂ 영재아는 학년이 올라갈수록 필기를 더 힘들어한다**

많은 영재아는 생각하는 속도가 매우 빠르기 때문에 생각하는 것과 같은 속도로 쓰는 것을 힘들어한다. 철자를 대충 쓰거나 단어를 잘 잊어버리는 경향도 있다.

반면 과제는 대부분의 친구들보다 아주 빨리 끝낸다. 때문에 영재아를 가르치는 교사나 보호자는 아이가 한 과제를 다시 확인하는 과정을 거치는 것이 필요하다.

올바른 읽고 쓰기는 언어 숙달을 더 쉽게 만들어준다. 영재아가 머릿속에만 담아두었던 소리를 문자로 쓰기 시작하면서, 글을 쓰기 위해 적절한 단어를 고르거나 읽는 단어의 의미를 생각하기 때문이다. 또한 말할 때보다 읽고 쓸 때 훨씬 더 많은 어휘를 활용하기 때문에 좋다.

일반적으로 책을 읽거나 쓸 때는 뇌가 자동적으로 조절되는데, 이때 뇌는 장기기억에 저장된 방대한 어휘 사전에 접근할 수 있다. 하지만 말할 때는 알고 있는 어휘 중에 발음이 가능한 어휘에만 뇌가 접근할 수 있다. 말하는 동안 듣는 사람의 피드백을 해석하느라 뇌가 고난도의 단어를 찾을 여력이 없기 때문이다.

쓰기가 이렇게 뇌 발달에 도움이 되고 좋지만 이따금 무엇을 적어야 하는지조차 모르는 영재아도 있다. 또한 일반적으로 영재아는 학년이 올라갈수록 필기를 더 힘들어한다. 전부 받아 적는 아이가 있는가 하면, 아무것도 적지 않고 그냥 외워버리는 아이도 있다. 실제로 시험을 준비하면서 교재도 없이 앉아 있는 아이도 있다.


### ⋮ 빠른 사고 속도와 그것을 정리해서 쓰는 시간 차이에 좌절

영재아의 이런 행동 패턴은 구어 표현력의 발달과 대뇌 운동의 발달에 차이가 나기 때문이다. 영재아는 말솜씨가 유창하고 읽기도 거뜬히 해내는 데 반해 정신적으로 미숙한 경우가 태반이다.

그래서 쓰기를 할 때 머리로 제어하고 조절하는 데 어려움을 느끼고, 그러다 보니 의욕을 잃고 위축되면서 쓰기를 몹시 싫어하게 된다. 자신의 사고 속도와 그것을 정리해서 쓰는 시간이 서로 맞지 않기 때문이다.

즉, 영재아는 사고의 속도가 아주 빠른 데다 생각이 급속도로 꼬리에 꼬리를 물고 이어지고 연결되는데, 쓰기는 그보다 더 서투르고 더 느려서 결코 사고하는 속도만큼 빠르게 쓸 수가 없는 것이다.

그러다가 사고의 추이를 놓쳐버리면 쓰기를 중단하거나 형편없는 글씨로 쓴다든지, 아니면 소리가 나는 대로 써버리는 경우가 발생한다. 이런 이유들로 영재아 중에 쓰기 장애로 고생하는 경우가 많다. 따라서 영재아에게 올바른 쓰기를 교육하려면 주의할 점을 생각해두자.

첫째, 효율적인 노트 사용법을 알려주자. 중간에 자료를 덧붙일 수 있도록 노트보다 낱장의 종이나 메모지를 사용하게 한다. 또 언제나 수정하기 쉽도록 노트의 한쪽 면에만 필기를 하고, 개인적인 해설을 달 수 있도록 여백을 남겨두라고 한다.

둘째, 노트에 적기 전에 정보를 종합해서 생각하도록 하고, 외워야 할 것을 반드시 적으라고 일러준다.

셋째, 약어를 잘 이용해서 노트에 더 빨리 적도록 하고, 날짜를 적거나 쪽 번호도 매기도록 일러준다.

넷째, 쪽 번호 순서로 노트를 정리할 수 있게 하고 제목과 소제목, 도표, 그림 등으로 핵심 단어를 뽑아내게 한다. 그리고 그것을 여러 가지 색으로 구별해서 강조하도록 한다.

　다섯째, 스스로 필기한 내용을 다른 친구가 필기한 내용과 비교해 보고, 필기한 내용을 다시 읽어보면서 중요한 내용을 강조하는 것도 좋다.

# 뇌과학이 밝히는
**07** 외국어 교육의 비결

**⦂ 아이가 언어를 습득하는 결정적인 시기는 대개 5~6세까지이다**

아이가 언어를 습득하는 임계기(변화하는 결정적 시기)는 대개 5~6세까지이다. 그래서 아이의 기본적인 뇌는 6세 이내에 결정된다는 것이 정설이다. 또한 11세가 되기 전까지 두 개 이상의 언어를 접한 아이와 12세 이후에 두 개 이상의 언어를 접한 아이는 뇌가 완전히 다르다는 실험 결과도 있다. 특히 이 아이들은 각각 뇌에서 언어 정보를 처리하는 방식이 완전히 다르다고 한다.

언어 습득의 임계기에 있는 아이의 뇌에 어떤 식으로 경험과 자극을 주느냐에 따라 그 효과는 크게 달라진다. 물론 영어 회화 비디오를 보여주거나 스마트폰으로 영어 동화를 들려주는 것이 전혀 효과가 없다고는 단언할 수 없다.

하지만 아이에게 외국어를 가르치기로 마음먹었다면 아무리 원어민이 출연한다고 해도 비디오나 텔레비전 속의 영어 교사보다 바로 눈앞에서 살아 움직이는 현실 속의 원어민 교사가 실질적인 경험이 된다는 측면에서는 훨씬 효과적이다.

특히 언어의 임계기에는 뇌에서 어떻게든 좀 더 많은 정보를 얻으려고 하고 정보 처리에도 박차를 가한다. 때문에 이런 자극과 처리 방식을 통해 언어 두뇌의 지도가 만들어지고, 신경세포와 시냅스도 사용하는 것은 살아남고 사용하지 않는 것은 소멸되면서 뇌의 기초가 어느 정도 완성된다. 그러므로 뇌에서 기초가 굳어지기 전에 가능하면 일찍 더 많은 정보를 가진 현실 속의 원어민 교사를 접하는 것이 언어를 빨리 습득하는 지름길이 된다.

미국 워싱턴 대학교 뇌과학연구소의 패트리샤 쿨(Patricia Kuhl) 박사의 연구에 따르면, 아기는 생후 6개월을 기점으로 언어의 자음과 모음의 소리를 받아들이는 방식이 거의 확정된다. 세상에 존재하는 언어에서 자음은 600여 개, 모음은 200여 개에 달하는데 개별 언어는 평균적으로 40개의 음소(phoneme)만 사용한다.

음소는 단어의 뜻을 달라지게 하는 소리의 최소 단위로, 예를 들어 'cat'과 'bat'처럼 첫 자음 소리 한 개에 해당하는 음소가 다르면 완전히 다른 단어가 된다는 의미이다. 우리말도 마찬가지로 '달' '말' '발' '살' '말' '칼'은 모두 첫 음소만 다를 뿐인데 뜻은 완전히 다르다.

아기는 세상에 태어난 뒤 6개월 정도가 지나면 자기가 듣는 모국어의 음소를 상당 부분 습득한다. 또한 모국어의 음소로 이루어진 단어들에 집중해서 한두 단어를 직접 발음할 수도 있다. 아이들은 이런 과정을 통해 불과 1년 만에 모국어의 음소를 거의 완벽하게 익히고, 이를 바탕으로 모국어로 생각하고 모국어로 꿈을 꾸며 모국어로 수를 세는 것이다. 그래서 시기를 놓치지 않는 것이 중요하다는 것이다. 생후 1년 안에 언어의 기초가 닦아지기 때문이다.

반면 영어와 또 다른 외국어는 모국어와 달리 선천적인 발달이 아니라 경험에 의존해 발달한다. 이 경험은 노출 시간이 절대적으로 중요하다. 따라서 일찍 시작하느냐가 아니라 얼마나 많이 노출되었느냐가 중요하고, 또 얼마나 철저하게 연습을 했느냐가 중요하다.


## ⦂ 어릴 때부터 영어에 자연스럽게 노출된 아이의 언어 성취도가 더 높다

외국어의 영재가 되기 위해서는 그 언어에 5,000시간 이상 노출되어야 하며, 더 두각을 나타내는 영재가 되려면 10,000시간 이상 노출되어야 한다. 또한 모국어를 잘하는 아이라면 모국어에 대한 문법 감각과 모국어를 통한 사고와 논리로 외국어를 훨씬 효과적으로 빨리 배울 수 있다.

외국어는 언어에 따라 주파수 대역이 다르다. 예를 들자면 영국식 영어의 주파수 대역은 2,000~12,000Hz이고, 미국식 영어는 더 낮은 대역을 차지하고 있다. 주파수 대역의 수치대로 영국식 영어는 미국식 영어보다 높은 음을 많이 쓴다.

특히 100~1,500Hz대를 차지하는 일본어는 영국식이든 미국식이든 영어의 주파수 대역과 상당히 동떨어져 있다. 그래서인지 일본인들은 영어 성취도가 그리 높지 않다.

그렇다면 우리말은 어떨까? 우리말은 대략 500~2,000Hz 대역을 사용하는데, 일본인들보다는 좀 낮지만 그래도 영어에서 주로 사용되는 주파수 대역과 본질적으로 다르기에 잘하기가 힘들다.

언어에 따라 활성화되는 뇌의 부위도 다르다. 상형문자인 중국어 같은 경우는 우뇌의 활성도가 높다. 외국어를 익히게 되면 뇌는 모국어가 아닌 외국어에 대해 처음에는 불편함과 불안함을 느낄 수 있지만 모국어와 다른 뇌의 영역이 활성화하고 발달한다. 즉, 외국어 공부는 뇌에 긍정적인 효과를 발휘한다고 할 수 있다.

물론 특별한 경우도 있다. 폴란드 출신의 영국 작가 조지프 콘래드(Joseph Conrad)는 20세가 되어서 영어를 배웠지만, 37세에 영어로 소설을 써서 출간했다. 영어가 모국어인 사람들보다 더 훌륭한 문장을 구사했다고 알려진 그의 언어력은 어디에서 왔을까?

그것은 동일한 시간 동안 영어에 노출됐을 때 보통 성인이 아이들보다 초반에는 언어 성취도가 앞서나가기 때문이다. 그렇지만 시간이 가면 갈수록 성인기에 영어를 외국어로 배우기 시작한 어른들보다 어린 시절부터 영어에 자연스럽게 노출된 아이들의 언어 성취도가 더 높다. 한마디로 나이가 많아서 더 깊은 사고를 할 수 있는 학습자가 초반 스타트는 좋지만 시간이 흐를수록 더 어린 시절부터 영어를 접한 아이들에게 따라잡히게 된다는 것이다. 문법과 같은 복잡한 원리를 의식적으로 학습하는 데는 나이 든 학습자가 유리하다. 그러나 자유롭게 외국어를 사용하고 싶다면 어린 시절부터 익히는 것이 훨씬 낫다.

## ⋮ 7세 이전에 이중 언어 환경에서 자라면 두 언어 모두를 좌뇌에서 처리

만일 아이에게 언어 영재의 기미가 보인다면, 그래서 못하는 말이 없고 언어에 지대한 관심을 보인다면, 가장 먼저 모국어를 잘할 수 있게 해야 한다. 모국어가 기반이 되어야 그 정보를 활용하는 역량도 함께 키울 수 있기 때문이다.

사춘기에 들어서서, 혹은 그 후에 영어를 배우면 영어는 주로 우뇌에서 처리된다. 반면 만 7세 이전에 이중 언어 환경에서 자란 아이들은 두 언어 모두를 좌뇌에서 처리한다. 그런데 알려진 바와 같이 우뇌는 음악성, 복잡한 도형 인식, 부분과 전체의 관계 인식, 공간 지각, 감정 지각과 표현을 주로 담당한다. 반면 좌뇌는 언어를 처리하고 세계를 분류하며 수학적 계산을 수행하고, 복잡한 운동 과제를 계획하며 논리적이고 분석적인 영역을 담당한다. 즉, 두 언어를 모두 좌뇌에서 처리하면 자연스럽게 언어 습득을 위해 마련된 브로카 영역과 베르니케 영역에서 언어 처리와 생산이 신속하게 이루어져 언어를 효율적으로 습득할 수 있게 되는 것이다.

언어 영재로 키우기 위해서는 아이가 초등학교에 들어가기 전까지 책을 읽는 습관을 만들 필요가 있다. 그림책에는 스토리가 있고, 감동이 있으며, 재미와 유머가 있다. 무엇보다도 아이들은 그림책을 읽으면 맥락을 파악하고 자신만의 콘셉트를 가져서 정보 활용 능력을 극대화할 수 있다.

또한 그림책은 언어의 결정적인 시기를 유용하게 활용하는 데 중요한 도움을 줄 수 있다. 일상적인 대화에서 아이가 습득하는 언어는 어휘 수와 표현력에서 한계가 있다. 그러나 부모가 읽을 그림책에 대해서 설명하고, 그 내용과 그림을 보여주고, 아이가 읽은 후 그림책에 보이는 반응에 대해서 답을 해주면 모국어의 뇌가 풍부하게 발달한다.

이렇게 생후 2년간 부모와 상호작용하면서 더 많은 단어를 귀로 들은 아이들은 그보다 적은 단어를 들은 아이들보다 더 빨리 언어를 배운다. 또한 이런 가정환경의 차이는 사회경제적 계층과 관련이 있다. 연구에 의하면 극빈층 아이들은 시간당 600단어를 들었고, 노동자 부모를 둔 아이들은 1,200단어를 들었으며, 전문직 부모들 둔 아이들은 2,100단어를 듣는다. 중요한 점은 아이들이 각자 처한 언어 환경은 향후 아이의 언어 발달이나 아이큐와 상관관계가 깊다는 점이다.

## 뇌박사의 영재 솔루션

중국어능력시험(YCT) 1급에 최연소로 합격했고 3개월 만에 2급 시험을 준비하던 48개월 언어 영재아 K군을 만난 적이 있다. K군은 27개월 무렵 숫자 공부를 중국어로 하면서 관심을 갖게 됐다고 하는데, 중국어 발음이 재밌어서 천자문도 같이 공부하게 된 것이다. 이 아이는 중국어뿐만 아니라 영어, 러시아어, 스페인어까지 스스로 익히고 있었고, 심지어 틀린 철자까지 알아낼 정도로 언어 능력이 뛰어났다.

심지어 K군은 27개월 때 방송에 처음 출연했는데, 2년이 흐른 후 출연했을 때도 2년 전에 자신이 붙인 스티커북의 숫자를 기억해내 부모와 MC들을 놀라게 했다.

K군은 패턴 분석을 잘했다. 자신이 관심을 가지면 일단 주의를 기울인 다음 일정한 패턴을 찾아냈다. 또 일반적으로 규칙이 없다고 생각하는 언어에서도 패턴을 찾아냈다. 결국 이 패턴을 이용하여 5개 국어를 익힐 수 있었다.

**솔루션**

K군의 언어 능력은 뛰어난 기억력에서 비롯되었다. 하지만 4차 산업혁명 시대에는 얼마나 많은 걸 알고 있느냐, 여러 나라의 글과 문자를 얼마나 알고 있느냐와 같이 지식을 모으는 것은 중요하지 않다. 인공지능으로 모두 대체할 수 있기 때문이다.

지금 알고 있는 언어와 지식을 활용하는 능력과 창의력을 키워야 영재아가 될 수 있다. 따라서 콘텐츠를 머리에 무조건 집어넣는 식의 영재교육은 아이를 혹사시킬 수 있으므로 중단해야 옳다. 실제로 많은 영재아를 만나보면 유년 시절에 철저하게 혹사당했다고 생각하는 편이다. 이제부터라도 K군은 관심 분야를 넓혀서 다른 학습으로 새로운 자극을 받는 방식을 통해 공부해야 한다.

## 08 아이 뇌는 6~7세까지 언어 능력이 완성

**: 49~60개월 아이는 문법에 맞고 문장 구조가 복잡한 말도 구사한다**

아이가 49~60개월이 되면 자신의 감정을 조절하는 법을 배우고 감정을 표현하는 방법도 익혀야 한다. 말하는 언어와 문법을 담당하는 브로카 영역의 뉴런층은 4세까지도 완성되지 않는다. 브로카 영역의 수초화도 4~6세가 되어야만 보인다. 수초화가 가장 느리게 진행되는 곳은 베르니케 영역과 브로카 영역을 잇는 활꼴섬유로, 아이가 문법을 갖춰 말하기까지 시간이 걸리는 것도 이것이 원인이다.

아이의 뇌는 6세 또는 7세 이전에 문법의 규칙과 논리를 최대한 흡수한다. 이 나이가 지나면 사춘기가 될 때까지 문법을 흡수하고 익히는 능력이 점점 줄어든다. 그러다가 성인 초기가 되면 언어 습득의 결정적인 시기가 완전히 끝난다. 따라서 영어도 문법만큼은 6세 전후에 시작해야 좋다. 또한 어른이 된 이후에 외국어 습득이 힘든 이유도 이것이다.

49~60개월의 아이는 문법에 맞게 말하고 발음도 정확해지며, 문장 구조가 복잡한 말도 곧잘 하게 된다. 이때 부모는 아이와 더욱 적극적으로 대화를 유도하고 이끌어야 한다.

미국의 언어병리학자인 켄 아펠(Kenn Apel)과 줄리 매스터슨(Julie Masterson)은 이 시기의 부모의 역할은 "정확한 발음, 짜임새 있는 이야기, 적극적인 반응을 골고루 갖춘 훌륭한 언어를 풍부하게 제공하는 것"이라고 했다. 이때 언어와 함께 창의력도 급속도로 발달하므로 부모는 대화를 통해 종합적으로 사고하고 문제 해결 능력을 키우도록 도와주어야 한다. 음악, 미술, 체육 등의 예체능도 아이의 재능이 발견되면 본격적으로 교육할 수 있는 시기이다.

### ⦙ 뇌의 에너지 대사의 변화는 시냅스 성장 및 가지치기와 일치한다

61개월~취학 전 시기는 아이의 새로운 지적 능력이 발달하는 때이다. 그림 그리기, 암기하기, 독해 능력 등이 뚜렷하게 나타난다. 그리고 주의 집중, 자기 조절, 자의식 등 인지 기능이 발달한다. 그동안 각자 기능하던 인지 능력이 6세 정도에 하나로 통합되기 때문이다. 일반적으로 아이들이 진정한 의미의 학습을 시작할 수 있는 나이이기도 하다.

뇌의 에너지 대사의 변화는 시냅스 성장 및 가지치기와 일치한다. 에너지 대사는 4~8세에 최고조에 달했다가, 그 후 성인 수준으로 감소한다. 7세가 되면 전두엽의 시냅스 생성 기조에도 변화가 생긴다. 시냅스가 새로 생성되기보다 가지치기가 더 중요한 시기가 되기 때문이다.

이 시기의 아이는 사고의 규칙을 이해하고, 덧셈이나 뺄셈 같은 수의 개념을 익히고, 글자가 모여 단어를 이루고 단어가 모여 문장을 만든다는 사실도 깨닫게 된다. 또한 아이의 뇌는 주의력과 억제력이 요구되는 전두엽과 관련된 일을 익히기 시작한다. 특히 이 시기의 아이에게 어떤 일을 억제하는 능력이 극적으로 향상된다는 사실은 새로운 차원의 사회적 규범을 알고 스스로 감정과 마음의 조절이 가능하다는 뜻이다.

측두엽의 발달로 어디에서나 문법적으로 완성된 말을 하고, 일어난 일이나 이야기, 단편 지식을 반복해서 말할 수 있으며, 활발한 상상력으로 낭독도 할 수 있다. 다만 높은 아이큐를 요구하는 복잡한 내용은 아직 이해하지 못한다.

# 난독증 아이는
# 영재아가 되지 못한다?

09

## ● 난독증은 청각 정보 처리 능력과 깊은 관계가 있다

난독증은 언어장애 중의 하나로, 아이큐는 정상인데 글자를 읽는데 특히 어려움을 보이는 증세이다. 요즘은 아이들이 시각에 더 많은 자극을 받기 때문인지 학령기 아이들 중 15퍼센트가 난독증이라는 보고도 있다. 그런데 신기하게도 말문도 제때 트이고 읽어준 그림책 내용을 줄줄 외우는 아이 중에도 난독증이 있는 경우를 보았다. 난독증은 대체 누구한테 왜 생기는 것일까?

핀란드의 발달신경심리학 교수인 헤이키 리티넨(Heikki Lyytinen)의 연구 결과를 보면 난독증은 선천적인 원인이 더 크다. 헤이키 교수는 아기가 출생한 후 6개월 단위로 7년을 추적 조사한 결과, 가족력에 난독증이 있는 엄마가 낳은 아이들에게서 난독증이 더 많이 발생하더라고 했다. 특히 이런 아이들은 이미 청각 구별 테스트에서 난독증 성향을 보였는데, 난독증은 소리의 처리 능력과 깊은 관계가 있다는 것이다.

물론 그렇다고 해서 난독증이 100퍼센트 선천적인 것은 아니다. 후천적인 원인도 있으며 아이들마다의 원인도 제각각이다. 심지어 아이가 너무 영리해서 일찍 글을 가르치다가 아이가 문자에 흥미를 잃고 외면해버린 경우도 있다. 또한 다문화 가정에서 말을 제대로 듣거나 배우지 못해서 아예 난독 증세를 보이는 일도 있다.

일반적으로 난독 증세를 보이는 아이들은 중이염을 심하게 앓았거나 말을 시작하는 시기가 유독 늦거나 발음이 불분명하거나 말을 잘 못 알아듣는다. 또한 아기처럼 말을 한다거나 운동신경이 둔하고 방향 감각이 없으며, 글자에도 관심이 없고 ADHD(주의력결핍 과잉행동장애)를 가진 아이도 있다.


**⦂ 아이의 난독증을 방치하면 학습 부진아가 되기 쉽다**


앞에서도 이야기했지만 난독증은 청각에 문제가 있어서 생기는 경우가 상당히 많다. 단어를 듣고 구별한 후 저장하고 빠르게 의미를 파악하는 청각 정보 처리 능력에 문제가 있기 때문이다.

흔히 유명한 레오나르도 다빈치와 아인슈타인, 에디슨, 피카소 등 세계적인 인물들에게 난독증이 있었다고 해서 난독증인 내 아이가 영재아가 아닐까 하는 오해를 하기도 하는데, 아이큐와 난독증은 전혀 연관성이 없다. 그리고 난독증이라는 판정을 받더라도 어릴 때 치료하면 극복된다.

언어장애의 하나인 난독증은 어른이 되면 저절로 좋아지는 것이 절대 아니다. 그리고 난독증을 방치하면 아이가 책을 아예 멀리하고 스스로 읽거나 쓰는 것을 매우 싫어하기 때문에 학습 부진아가 되기도 쉽다. 즉, 아이가 상처받는 일이 생기고 치료 시기가 늦어질 수도 있다는 사실을 알아야 한다.

난독증이 있는 아이들 중에 우뇌가 매우 발달한 경우가 왕왕 있다. 우뇌가 발달한 아이들은 시각의 뇌가 빠르게 작동해 뭐든지 그림으로 먼저 파악한다. 하지만 글자는 시각의 뇌에서 좌측측두엽으로 가서 청각적인 것, 즉 언어적인 것으로 정보를 바꿔 전두엽으로 넘기는 작업을 해야 읽을 수 있다. 그런데 우뇌가 너무 발달한 아이들은 어떤 자극을 받을 때 정보를 좌뇌로 넘기는 기능이 약하다 보니 전두엽으로 정보를 보내는 것에 문제가 생겨 글을 잘 읽지 못한다.

이런 아이들은 틀에 박히지 않은 새로운 사고를 한다거나 창의력이 높고 영리해서 가끔 영재아라는 생각이 들게도 한다. 하지만 대부분 집중력이 떨어지고 뭔가를 해도 끝까지 하기보다 금방 싫증을 내거나 거부한다. 난독증 때문에 학습도 제대로 못 따라가고 제멋대로인 아이가 되면 가지고 있던 독창적인 창의력마저 스르르 사라져 버리는 경우가 태반이다.

만일 아이가 아주 영리하다고 판단되면 글을 제법 잘 읽더라도 난독증 검사를 해볼 필요가 있다. 또한 아이가 좋아하는 것과 싫어하는 것의 경계가 심하거나 몹시 산만하다면 그 원인이 주의력결핍인지 난독증인지를 제대로 검사하는 게 좋다. 난독증 영재아는 아주 희박하기 때문이다.

### 뇌박사의 영재 솔루션

영재아는 말을 일찍 시작하는 경우가 대부분이다. 아닌 경우도 있지만 대체로 그렇다. 부모들은 아이가 말문이 트이자마자 거의 유창하게 말하더라는 이야기를 많이 한다. 이렇게 대부분 언어 습득이 빠르지만, 지극히 정상 범위에 속하면서도 '유아어' 시기를 거치지 않고 갑자기 완벽한 문장으로 말하는 아이까지 있다.

언어 영재아 K군의 경우를 보면 말의 습득이 매우 빨랐다. 18개월에 이미 한글을 배우기 시작했고, 4개월 만에 신문을 읽을 수 있었다. 또한 28개월에는 한글뿐만 아니라 영어, 한문까지 깨쳤다. 한문 실력은 초등학생 실력인 7급 수준인데, 한문을 배운 지 3개월 만에 이룬 것이다. 거리에 나가면 간판이며 표지판이며 글자로 된 것은 모두 읽어낸다.

K군의 부모는 따로 글자를 가르치지도 않았다. 하지만 K군이 관심을 가진 동영상이 있어서 그것을 틀어줬는데, 이것저것 보다가 글자를 깨치게 되었다는 것이다.

한두 번만 알려주어도 글자를 깨칠 정도로 K군은 기억력이 뛰어나다. 방송국에서 검증할 때는 영어 알파벳과 비슷하지만 음이 달라서 어렵다는 러시아어 동영상을 틀어주었다. 그날 K군은 거실에서 장난감 차를 타며 그 동영상을 보았는데, 다음 날 다시 틀어준 러시아어 동영상을 보더니 바로 러시아 알파벳을 깨치고 읽어 모두를 놀라게 했다.

K군은 동영상을 보는 데만 그치는 것이 아니라, 동영상을 보고 나면 바로 자신의 칠판으로 달려가 반복 학습을 한다. 스스로 반복하며 놀이 삼아 공부하는 것이다. 하지만 K군은 놀랍게도 대화 능력이 매우 부족하다. 오로지 읽어내기만 할 뿐, 의사소통을 위한 언어 발달이 되지 않은 것이다.

글자만 잘 읽고 의사소통을 제대로 못한다면 그것이 과연 바람직한 것일까?

### 솔루션

K군을 보자면 우선 동영상을 통한 교육의 문제점을 알 수 있다. 동영상을 통한 교육은 상호작용이 없기 때문에 단어를 알고 잘 익

혀도 자신의 생각을 말하고 문제를 해결하는 적극적인 언어 교육이 이루어지지 않는다. 요즘은 유아교육에서도 여러 가지 디지털 기기를 이용한 동영상 교육이 영향력을 넓혀가고 있는데 그리 바람직하지 않다는 것이 내 견해이다.

더불어 유아용 조기교육 동영상이 유아들의 언어 습득 능력을 떨어뜨릴 수 있다는 연구 결과도 있다. 미국 워싱턴 의대와 시애틀 어린이병원 연구소가 생후 8~16개월 된 아이를 둔 부모 1,008명을 면접 조사한 결과, 하루 한 시간씩 유아용 교육 동영상을 본 아이들은 그렇지 않은 아이들에 비해 습득한 단어가 오히려 6~8개가 적더라는 것이다. 결국 말을 잘 알지 못하는 아기도 부모와의 상호작용이 언어 발달에는 더 효과적이라는 의미이다.

아기의 두뇌 발달을 위해 아무리 조기교육을 해도 언어 발달의 기초가 없이 사고력, 논리력, 기억력의 발달은 이루어질 수 없고, 아이큐의 발달도 불가능하다는 사실을 명심하는 게 좋다. 또한 아이의 언어 발달을 위해서는 동영상 등의 영상을 보여주는 것보다 바깥놀이나 블록놀이, 혹은 역할놀이 등 온몸을 활용하는 반복적인 체험을 많이 하게 하는 것이 더 좋다.

# 아기의 머리가 좋아지는 피부 마사지

피부는 만 3세까지 자가 면역을 형성하는데 평생 사는 데 필요한 체내 면역 체계의 상당 부분이 이때 결정된다. 만일 이 시기에 피부 관리를 잘못하면 외부 자극에 민감하고 면역력, 저항력 등이 약한 아이가 될 수 있다.

마사지는 피부 건강 지키기와 두뇌 발달에 장점이 의외로 많다. 마사지를 하면 스트레스 호르몬인 코르티솔의 순환을 줄일 수 있다. 또한 아이의 기분을 좋게 만드는 엔도르핀의 분비를 자극하면서 머리를 좋게 만든다. 근육을 풀어주기 때문에 긴장감도 풀어주고 가스 방출과 변비 해소에도 도움이 된다.

그렇다면 언제 어떻게 마사지를 하는 것이 좋을까?

- 식사 전후를 피하고 깨어 있을 때 얼굴-가슴-팔-배-다리 등의 순서로 한다.
- 따뜻한 방에서 부드럽게 아기의 얼굴을 어루만진 뒤 엄지로 윗입술과 아랫입술을 누르면서 바깥쪽으로 당겨 자연스럽게 웃는 표정을 만들어준다.
- 가슴은 중앙에서 시작하여 하트 모양을 그리고 다시 중앙으로 두 손을 모아 쓰다듬는다.
- 배 위를 손가락으로 걸음마 하듯이 가볍게 자극하고 가볍게 주물러준다.
- 팔은 마치 야구방망이를 잡듯 잡고 가볍게 비틀면서 잡아당긴다. 다리도 팔과 같은 방법으로 마사지한 후 손바닥을 펴서 무릎부터 발목까지 비벼준다.
- 등은 아이를 엎드리게 한 후 양손으로 목에서 엉덩이까지 쭉쭉 밀어준다. 등뼈 마디마디를 손가락으로 눌러줘도 좋다.
- 마사지를 하기 전에 손을 깨끗하게 씻어야 하고, 손에 반지 등의 장신구를 착용해서는 안 된다.
- 아이가 불안해하면 옷을 입힌 상태로 마사지해주고 거부감이 없으면 천연 오일 등으로 해주어도 무방하다.

Chapter 6

# 수학 영재아를 위한 영재교육

## 01 어릴 때부터 남다른 수학 영재아의 특징

**⦂ 수나 측정에 대한 관심이 매우 강해서 무엇이든지 수와 관련짓는다**

대학교는 수학 성적이 결정하고 인생은 영어 점수가 결정한다는 말이 있을 정도로, 우리나라는 수학과 영어의 나라라고 해도 과언이 아니다. 실제로는 전국 영재교육원 중 영재의 숫자가 제일 많은 것은 과학영재연구원이다. 하지만 과학 영재아라고 해도 기본적으로 수학을 뛰어나게 잘하는 경우가 태반이다.

한편 유아기는 모든 발달이 매우 급격하게 이루어지는 특성이 있다. 따라서 아이에게 영재성이 있는지 판단하기 어렵고, 특히 수학 영재아인지 언어 영재아인지를 구별하기는 더 힘들다. 다만 아이가 유난히 집중력이 뛰어나다거나, 어휘력이나 기억력이 좋다거나, 특히 숫자를 그냥 지나치지 않는다거나, 뭔가에 관심과 질문이 많고 호기심이 강하면 수학적 영재성의 가능성을 생각해볼 수는 있다.

우선 미국 코네티컷 대학교 심리학과의 조셉 렌줄리 교수팀이 수학적 잠재력이 뛰어난 수학 영재아의 특성을 연구해 발표한 결과를 보자.

① 수나 측정에 대한 관심이 매우 강해서 무엇이든지 수와 관련해서 생각하고 행동한다. 과자를 먹더라도 그냥 먹지 않고 반드시 개수를 세어보거나, 모양이나 맛과 색으로 분류하며 즐거워한다. 숫자가 들어 있는 카드 게임 등에 오래 집중하며 즐긴다.

② 특정한 수를 좋아하거나 싫어하는 등 수와 관련된 자신만의 관심과 스토리를 갖는다.

③ 수에 대해서 추상적인 개념이 발달돼 있고, 수를 나름의 독특한 방법으로 분석한다.

④ 고도의 수학적 추론을 즉발적으로 할 수 있다.

⑤ 기억력이 아주 우수하다.

⑥ 인내심이 강해 쉽게 포기하지 않고, 또 끝까지 참으며 문제를 해결하는 편이다.

⑦ 3~4시간 이상을 지속적으로 집중할 만큼 과제에 대한 집착력도 강하다.

⑧ 아이큐가 적어도 120 이상이다.

⑨ 유치원에 다닐 연령에도 수학을 또래보다 쉽게 이해한다.

⑩ 수학 공부를 스스로 아주 즐거워한다.

### ⦙ 수학을 잘하는 아이들은 수와 공간을 대응하는 능력이 뛰어나다

이렇게 수학 영재아는 어릴 때부터 숫자에 남다른 재능과 관심을 가지고 있다. 그러면 이런 수학 영재는 학교 공부도 잘할까? 물론 그런 경우가 대부분이지만 아닌 경우도 있다. 심지어 부모조차도 아이가 수학 영재인 줄도 모르고 지나치는 경우까지 있다.

초등학교 5학년이 되어서야 수학 영재아로 발굴된 B군이 그런 케이스이다. B군은 공부를 잘하지만 학교에서는 말썽을 일삼는 문제아였다. 학교 성적은 좋았지만 학교 가기를 싫어하고 친구도 잘 사귀지 못했으며, 부모와의 관계도 갈등의 연속이었다. 부모는 성격이 반항적이고 성실해 보이지 않는 B군을 윽박지르고 매질까지 했지만 B군은 나아지기는커녕 스트레스로 인해 눈을 깜빡이는 틱 증세를 보이기 시작했다.

결국 부모는 B군을 데리고 신경정신과에 진료를 받으러 갔는데, 거기에서 B군은 스트레스로 틱 증세가 있다는 것과 머리가 아주 뛰어난 아이라는 진단을 받았다. 그 후 B군은 영재교육기관을 통해 영재아로 판명되어 영재교육을 받게 되면서 틱 증상도 없어졌다.

그나마 B군의 영재성은 늦게라도 발견되어서 다행이지만, 때로 부모의 무관심으로 아이가 진흙 속의 다이아몬드인 줄 모르는 경우도 있다.

수학을 잘하는 아이들은 대부분 수와 공간을 대응하는 능력이 뛰어나며, 수학의 여러 분야에서 직관력이 뛰어나다. 수학과 관련해 이런 능력을 관장하는 부분이 뇌의 두정엽과 소뇌이다.

앞에서도 이야기했지만 아이가 연산에 익숙해지면 뇌의 전전두엽은 두정엽으로 연산 능력을 보내는데, 두정엽은 시청각과 체감각 등 감각 통합과 공간 인식 능력에 관여한다. 그리고 소뇌는 몸의 평형을 유지하는 평형 감각과 운동 기능에 관여하는데, 인지 과정이 순조롭게 진행되도록 하는 역할도 한다. 사실 두정엽과 소뇌는 어렸을 때부터 활성화되도록 자극을 주는 것이 좋다.


## ⁝ 소뇌를 발달시키는 가장 좋은 방법은 운동이나 악기 연주

그래서 소뇌가 발달하면 사고력이 향상되어 복잡한 문제도 해결할 수 있다. 소뇌를 발달시키는 가장 좋은 방법은 신체를 움직이는 운동이나 손가락을 사용하는 피아노나 바이올린 등 악기 연주를 시키는 것이다.

음악과 수학이 밀접한 관계가 있다는 건 널리 알려진 상식이다.

지금의 도레미파솔라시 7음계는 고대 수학자 피타고라스로부터 발전했는데, 피타고라스는 최초로 소리의 높낮이를 수로 표현했을 정도이니 새삼 놀라울 뿐이다.

또한 유명한 아인슈타인도 취미로 즐길 만큼 바이올린을 잘 켜는 바이올리니스트였다. 아인슈타인은 바이올린만큼 피아노 연주도 즐겼고, 스스로 과학자가 되지 않았으면 음악가가 되었을 거라고 했다.

악기는 아이의 성향을 고려해서 결정하는 게 좋다. 내성적이고 소극적인 아이는 피아노나 플루트, 외향적이고 밝은 아이는 타악기나 관악기 중에서 클라리넷이나 트럼펫, 집중력이 뛰어나고 독립심이 강한 아이는 바이올린이나 첼로를 연주하게 하면 각자의 성향과 잘 어울린다.

하지만 아이 스스로 악기를 선택할 기회를 주는 것을 언제나 최우선으로 삼아야 한다. 좋아할 만한 악기가 등장하는 연주 동영상을 보여주거나 음악회에 데려가 아이가 흥미를 보이는지 관찰하는 것도 방법이다. 반드시 영재교육이 아니더라도 어릴 때부터 음악을 즐길 수 있도록 '음악적인 귀'를 열어주는 게 중요하다.

더불어 미국교향악협회가 발행하는 〈심포니〉지에 실린 미국 대학 입시위원회의 보고서에 따르면, 음악을 공부하고 악기를 연주할 줄 아는 학생들이 음악을 전혀 배우지 않은 학생들보다 언어, 수학 분야에서 SAT 점수가 높았다.

## : 독서력으로 아이의 수학머리를 더 좋게 할 수 있다

수학머리가 좋아지려면 독서력이 좋아야 한다. 앞에서도 언급했지만 수학이 단순한 사칙연산이 아니고 독해력이 부족하면 진정한 수학을 한다고 이야기 할 수가 없기 때문이다.

미국 대학수학능력시험인 SAT 시험 성적 1위를 미국에서 한 번도 놓치지 않고 있는 토머스 제퍼슨 과학고등학교의 학생들을 보자.

영재교육의 최고 학교로 이름을 높이고 있는 만큼, 이 학교의 학생들은 수학 실력이 아주 뛰어나다. 그런데도 이 학교는 누구나 1년 동안 OR(Outside Reading) 과정에 참여하도록 하고 있다. 책의 내용에 대한 분석과 감상은 물론 작문도 해야 하고, 수업 때마다 자료를 찾아서 읽고 주제를 뽑아 발표하는 세미나 수업까지 있다. 웬만한 수준의 독서력이 없으면 따라가기가 벅찰 정도이다.

영재과학고등학교에서 왜 이런 수업을 하는 것일까? 그 답은 미국 UC 버클리 대학교 대학원 원장인 데이비드 피어슨(David Pearson) 교수가 들려준다.

"아이들이 독서와 작문을 배우면 그 인과관계를 깨달으면서 여러 조합의 전략을 터득하게 된다. 지금 읽는 책을 통해 이해하기 쉬운 감각을 얻게 되고, 다 읽고 나서 읽은 것을 요약하는 방법도 깨닫게 된다. 또한 읽으면서 이해가 되지 않았던 어려운 내용도 이해하기 위해 여러 가지로 쉬운 방법을 찾아내려고 한다. 이런 행동은

국어뿐만 아니라 수학, 과학, 사회 등 다른 분야의 공부에도 도움이 된다."

독서에 익숙해지면 좌뇌와 우뇌의 브로카 영역, 우뇌의 각회, 우측 소뇌를 포함한 측두엽과 두정엽이 활성화된다. 즉, 아이가 책을 읽으면 읽을수록 머리가 좋아지는 것이다.

물론 읽기를 유난히 싫어하고 통제받기를 싫어하는 아이에게 책 읽기를 강요하는 것은 금물이다. 다만 아이가 좋아한다면 독서력으로 수학머리를 더 좋게 할 수 있다는 점을 참고하는 게 좋다.

## 사고력과 문제 해결력을 키우는 연령별 수학 공부

수학 공부를 떠올릴 때 흔히 연산을 먼저 생각한다. 하지만 초등학교에서 수학을 배우는 가장 큰 목적은 수학적인 사고력과 문제 해결력을 키우는 것이다. 즉, 수학의 가장 기초적인 지식과 체계를 습득하면서 수학적으로 사고하는 능력을 길러 실생활에서 합리적으로 대처하는 능력과 태도를 키우는 것이다.

그렇다면 연령별로 수학 공부가 어떤 교육적인 효과를 주는지 알아보자.

### 미취학 5~6세

전두엽의 발달로 수학적인 사고가 가능해진다. 일반적으로 아이들은 손가락을 꼽아 세거나 순간적인 사물 파악 방식으로 개념 구조를 형성한다.

아이들은 포괄 수량의 개념 구조를 가장 먼저 익히는 시기이다. 나무토막을 쌓아놓은 두 개의 더미에서 어느 쪽이 더 많은지 구별하고, 두 개의 시간 단위 중 더 긴 쪽과 짧은 쪽을 구별한다. 또한 두 가지 화폐 단위 중에서 어느 쪽이 더 큰지 구별할 수 있으며, 교구와 같은 사물과 수학 그림책을 통해 수리적인 개념을 확장할 수 있다.

### 초등학교 1~2학년

연산의 뇌인 좌뇌의 발달로 인해 포괄 수량 모델과 처음부터 세어 나가기 모델을 통합한다. 아이들은 마음속의 수직선을 활용해서 앞으로 세거나 뒤로 세거나 함으로써 실제로 물체를 보지 않고도 간단히 덧셈이나 뺄셈을 할 수 있다. 수를 셀 줄 알게 되면서 시계의 시침을 읽고, 지폐의 크기가 같아도 어떤 것이 액수가 더 큰지 알아낼 수 있다. 시간 관리와 장 보기를 통해 실생활에 수학적인 사고를 적용하는 경험을 많이 하게 할 필요가 있다.

### 초등학교 3~4학년

두정엽의 발달로 도형의 개념이 확실하게 생기고 수학적 추상력이 생긴다. 십진법의 자릿값을 이해하고 두 자리 수의 덧셈을 암산할 수 있으며, 두 자리 수 숫자도 크기를 비교할 수 있게 된다. 시계를 완벽하게 볼 수 있고, 지폐와 동전이 합해진 금액을 계산할 수 있으며, 저울추의 개수뿐만 아니라 받침점에서 거리를 따져야 하는 저울대 문제도 이해할 수 있다. 수학을 잘하려면 출제자의 의도를 제대로 파악해야 하므로 수학적인 개념을 정확하게 익히게 하고 언어적인 경험을 풍부하게 하면 좋다.

### 초등학교 5~6학년

후두엽의 발달로 스토리텔링 수학뿐 아니라 도표나 그림을 통해 수학적 사고가 가능해진다. 이 시기의 아이들은 정수 체계를 더 깊이 이해할 수 있다. 받아올림이나 받아내림을 포함하는 두 자리 수의 덧셈과 뺄셈을 암산할 수 있고, 세 자리 수가 포함된 연산도 거뜬하게 할 수 있다. 수학적인 개념을 도표나 그림을 동원해서 설명하면 더 효과적으로 풀 수 있다. 입체 도형은 구체적인 조작으로 익히게 하고, 수학을 종합적으로 사고할 수 있도록 식과 과정에 모두 신경 쓰면 좋다.

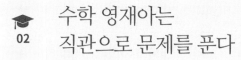

## 수학 영재아는
## 직관으로 문제를 푼다

**⦂ 수학 영재아는 중학교 3학년쯤 되면 문제가 불거지기 시작한다**

당연한 말 같지만 수학 영재아는 대부분 수학을 유난히 잘하고 특히 재미있어하면서 집중력도 높다. 순식간에 답을 산출하는 능력과 빠른 계산력은 나이에 상관없이 논리 수학적인 재능이 남다르다는 것을 확실하게 보여준다.

이런 영재아는 아주 일찍부터 수의 상징성과 그것을 이용하는 재미는 물론 수의 체계와 논리를 이해하고, 화폐 제도와 물건의 가격을 분석하기도 한다. 또한 수학 영재들은 구구단 외우기를 거부하거나 주저하는 경우도 많은데, 습득하지 못한다기보다 습득할 필요성을 못 느끼기 때문이다. 구구단과는 다른 메커니즘에서 나온 자신만의 암산법이 구구단을 거치는 우회로보다 훨씬 더 효율적이고 빠르기 때문이다.

실제로 수학 영재에게 7×9를 물어보면 63이라는 대답이 바로 튀어나온다. 그러나 구구단의 7단 혹은 9단을 외워서 나온 답이 아니라, 덧셈과 뺄셈을 기본 계산 구조로 이용해서 초스피드로 암산한 결과라는 사실에 주목해야 한다.

하지만 이런 수학 영재아는 승승장구하는 듯하다가 중학교 3학년쯤 되면 문제가 불거지기 시작한다. 이들에게 수학은 매우 쉽고 노력하지 않고도 높은 점수를 받을 수 있는 과목인데, 그 무렵부터 선생님이 문제 풀이 과정을 기술하게 하거나 근거를 증명하라고 요구하기 때문이다. 그런데 수학 영재아는 그런 것을 잘 실행하지 못한다. 한 번도 자신이 가진 수학 재능을 자문해본 적이 없고, 더구나 그런 질문이 필요하다거나 가능하리라는 생각조차 해본 적이 없기 때문이다. 그냥 누구보다 쉽게 답을 알고 있을 뿐이며, 과정과 이유를 설명할 수 없지만 제시한 답은 정답이다.

수학 영재아는 수학적인 사고가 직관적이라서 순식간에 답이 나온다. 데이터의 조합 및 활성화 작업이 의식의 수면 아래에서 행해지기 때문이다. 이런 초고속 작업의 산물이 바로 답이기 때문에, 답을 산출하는 과정은 말로 설명이 불가능하다. 게다가 이 답은 물어볼 필요도 없이 정확하기에 아이는 답이 도출된 과정을 되짚을 필요를 느끼지 못한다. 이들에겐 자연스러운 일일 뿐이다.

## 수학 영재아의 유일한 공통점은 수학을 공부하는 시간이 많다는 것이다

만일 수학 영재아가 구구단을 줄줄 읊는다면, 부모를 기쁘게 해주려고 기계적으로 구구단을 외는 착한 아이일 뿐이다. 그러나 중요한 것은 수학 영재아라면 구구단을 사용하지는 않을 것이라는 사실이다. 숫자를 암산으로 조작하는 자신만의 계산법이 구구단보다 훨씬 더 빠르고 효과적이기 때문이다.

아무리 영재라고 해도 수학 실력은 공부의 양과 수준에 따라 달라진다는 것이 진리이다. 즉, 수학은 아주 열심히 많은 문제를 풀어봐야 잘할 수 있다는 것이 부정할 수 없는 사실이다. 이런 논리는 읽기와 쓰기에서도 사실 마찬가지이다.

난산증(수를 이해하고 배우는 것이 힘들고 연산이나 셈의 개념이 없는 발달장애로 주의력결핍 과잉행동장애나 학습장애가 동반될 수 있다) 연구의 대가인 영국 런던 대학교의 브라이언 버터워스(Brian Butterworth) 교수는 "수학 영재아의 유일한 공통점은 수학을 공부하는 시간이 많다는 것이다"라고 말한 적이 있다. 수학을 좋아하고 잘하기 때문에 수학과 함께하는 시간이 많을 수밖에 없고, 많이 하기 때문에 잘할 수밖에 없다는 뜻이다.

### 수학으로 시를 쓰는 수학 영재아 B군

수학 영재아인 B군은 수학으로 시를 쓴다. B군이 쓴 시에는 '극방정식으로 극좌표에 ♡를 그린다'라는 구절이 나오는데, 대학교 미적분학에 나오는 내용이다.

초등학교 2학년인 B군은 어떻게 수학을 그렇게 잘하고 수학으로 시까지 쓸 수 있을까? B군은 아주 어렸을 때부터 수에 매우 밝고 기억력이 뛰어났다. 그런 아들을 지켜보던 어머니가 수학과 과학에만 관심을 갖고 몰두하는 것을 제지하기 위해 시를 써보게 했는데 시도 수학으로 쓰더라는 것이다.

B군이 본격적으로 수학을 접한 것은 6세 때였는데, 3년 만에 고등학교 과정까지 갔다. 거기다가 스스로 공부해서 한자 5급 자격도 따냈다.

그런데 B군에게는 특이한 취약점이 하나 있었다. 너무 느리다는 것이다. 그렇게 잘하는 수학 문제를 풀 때도 아주 느리고, 다른 과제를 할 때도 느리다. 그래서 제한된 시간 속에서 실시하는 수학경시대회에 나갔지만 좋은 성적을 거두지 못했고, 주어진 시간 내에 뭔가를 해야 하는 일 앞에서는 속수무책이었다. 다만 B군의 아이큐는 측정 결과 159였다.

이런 아이큐를 가지고 있으면 뇌 처리 속도도 빠를 텐데, 도대체 왜 B군은 그렇게 느림보일까? 과연 이런 속도로 수학을 해서 영재아로 자랄 수 있을까?

### 솔루션

B군은 수학 문제를 풀 때도, 일상적인 과제를 할 때도 계속 생각한다. 그것도 보통 아이들보다 더 진지하게 많이 한다. 보통 아이들은 생각이 스쳐도 깊이 생각하지 않고 바로 정리하는 반면, B군은 한 가지를 생각하면 이어서 또 다른 생각을 하고 거기에 또 이어서 다른 생각을 하면서 점점 몰입하느라 느려지는 것이다.

B군은 아이큐 중에서도 동작 영역의 아이큐가 아주 높았는데, 이런 아이들은 검사를 받는 중에도 스트레스를 받기 때문에 자신의 능력과 실력을 말로 잘 전달하지 못한다.

이런 영재아는 혼자서 뭔가를 하는 게 훨씬 효과적이다. 언제나 뛰어난 직관과 사고력으로 문제를 해결하기 때문이다. 그러니 누군가 강제로 시간 제한을 하면서 문제 해결을 강요한다면 B군의 영재성은 사라질 것이 분명하다.

## 03 언어 능력까지 뛰어난 수학 영재아가 많다

브라이언 버터워스 교수는 누구나 수학적인 뇌를 별도로 가지고 있다고 말한다. 즉, 인간은 수학 영역만을 독자적으로 처리하는 두정엽 왼쪽 부분을 따로 가진다는 것이다. 보통 이 부분을 수 모듈이라고 하는데, 뇌의 이쪽 영역은 아주 어린 아이들도 작은 수를 빠르게 이해하고 수를 비교할 수 있게 만든다.

물론 이런 능력이 선천적으로 부족한 아이들도 5~6퍼센트 정도 있다. 뇌에 수 모듈이 부족하면 아이는 수학을 잘할 수 없지만, 아이들 대부분은 이런 수 모듈 때문에 수학적인 잠재력을 타고난다고 봐야 한다.

원숭이는 특정 개수 또는 대략적으로 유사한 양의 사물과 마주칠 때 좌측두정엽내구와 우측두정엽내구의 일부 뉴런이 활성화된다.

이 영역들이 가진 가장 큰 특징은 수학적인 일인데, 사물 몇 개가 어디에 있는지 혹은 어디로 몇 개가 움직이는지 등 사물의 위치와 개수를 확인하는 일이다.

더불어 두정엽피질은 장소를 확인하는 능력 외 다양한 기능을 할 수 있게 한다. 예를 들면 두정엽에서 후두정엽피질은 눈 운동과 연계되어 활성화한다. 갑작스러운 눈 운동, 주의 집중, 시각 패턴의 이동 방향 감지 등 시각 기능에 밀접하게 관여한다.

이런 이유로 후두정엽피질의 활성 패턴을 보고 아이가 덧셈을 하는지 아니면 뺄셈을 하는지를 어느 정도 정확하게 예측할 수 있다. 또한 심상화가 가능해 아이들이 눈을 움직이지 않고 마음속으로 덧셈과 뺄셈을 할 때도 후두정엽피질이 활성화된다.

다양한 수학 문제를 해결할 때는 또 다른 영역이 활성화되기도 한다. 우선 이야기로 풀어야 하는 서술형 문제와 비슷한 방정식 문제를 풀게 되면 가장 먼저 작업기억의 양을 처리하는 좌측전전두피질이 활성화한다.

이렇게 변화가 이루어진 후 방정식 문제는 설전부와 같은 두정엽피질과 기저핵이 활성화한다. 직선, 개수, 기호적 표현 같은 기본적인 수 감각이 뒷받침돼야 음수, 분수, 실수와 같은 더 복잡한 개념을 구축할 수 있기 때문이다. 결국 전체로 보면 수학적인 뇌는 상징과 공간 조작을 위한 뇌 시스템 위에서 치밀하게 구축된다는 것을 알 수 있다.

## • 수학을 잘하는 뇌와 언어를 잘하는 뇌의 영역은 같다

아이의 뇌는 언어를 사용하면서 손가락 조작으로 일대일 대응을 할 수 있도록 하기 때문에 어린아이들도 아주 기초적인 계산은 쉽게 처리한다. 하지만 곱셈이나 나눗셈과 같이 정확한 계산이 필요한 연산을 조작하는 기능을 하지는 못한다. 이는 곱셈이나 나눗셈 과정에 많은 인지적 작업이 요구된다는 사실을 보여준다.

즉, 곱셈이나 나눗셈의 계산을 정확하게 하려면, 뇌에서 여러 기능을 하는 심상회로뿐만 아니라 사고력을 요구하는 언어회로도 필요하다. 예를 들자면 운율에 맞춰 시를 외우거나 암기 과목을 외우듯이 구구단도 소리를 내어 암송하면 잘되는 이치이다.

수학은 결국 그 수학을 학습하는 언어와 연결되기 때문이다. 이런 연결은 대단히 강력하기 때문에, 영어를 배운 아이도 수학만큼은 항상 모국어로 한다든가 하는 특징을 보인다. 영어를 아무리 유창하게 하더라도 처음부터 영어로 수학을 시작하지 않은 경우라면 계산할 때마다 모국어로 돌아가는 것이 훨씬 더 쉽다는 뜻이다.

언제나 정확한 답을 요구하는 수학 쪽 질문은 언어 처리가 일어나는 좌측전두엽 영역을 주로 활성화한다. 또한 근사치를 묻는 질문에 답할 때는 두정엽의 숫자 감각 영역과 공간 추론 영역이 가장 활성화된다. 뇌가 정확한 연산을 수행하기 위해 언어 영역을 총동원해야 하는 것이다.

만일 언어와 정확한 연산 간의 상관관계를 직접 확인하고 싶다면, 알파벳을 큰 소리로 외우면서 두 자리 수 곱셈을 시도해보면 된다. 말하기가 암산과 추론을 담당하는 언어 영역의 집중력을 요하기 때문에 쉽지 않을 것이다.

이렇게 수학을 잘하기 위해서도 언어 영역이 뛰어나야 한다는 사실을 기억하자.

## 아이의 손놀림은 두뇌 발달과 밀접한 관계가 있다

손놀림은 손가락 끝의 협응 운동을 말하는데 나무 블록, 작은 공, 구슬, 병 등을 마음대로 사용하는 능력이다. 손놀림은 단순한 소근육 운동이라고 할 수는 없다. 눈과 손이 잘 맞아야 하고 청각, 시각, 촉각 등의 감각과도 상호작용을 해야 한다. 즉, 외부 상황과 자기 몸에 맞추어 하는 놀이라서 지능과 밀접한 관계가 있다.

아이가 자기 연령에 맞는 손놀림을 할 수 있으면 정신지체를 보이는 경우가 거의 없으며, 손놀림이 빠른 아이의 지능은 비교적 높다. 예를 들자면 24개월 된 아이가 말이 좀 더디다고 해도 손으로 8개의 입방체를 쌓을 수 있고 집중력도 나무랄 데가 없다면, 성장이 좀 느린 아이일 뿐, 정신지체는 아니라는 뜻이다.

아이의 손놀림은 운동지연이나 운동장애를 조기에 알아내는 데 중요한 지표가 된다. 1세 이전의 아기가 한쪽 손만 주로 쓴다면 운동장애를 의심할 수 있다. 1세 이전에는 한쪽 손만을 주로 쓰는 일이 거의 없으며, 양쪽 손을 동일하게 사용하기 때문이다.

아이들이 그리는 그림도 전반적인 지능을 짐작하기에는 좋은 기준이 된다. 물론 정확한 지능을 함부로 예측할 수는 없어도 딱 그 시기에 그리는 그림은 특징이 있어서 부모들은 알아두고 관찰해보는 것도 좋을 것이다.

모든 아이는 3세가 되면 동그라미를 그릴 수 있고, 4세에는 네모를 그릴 수 있으며, 5세가 되면 세모를 그릴 수 있다. 그런데 3~4세의 아이가 그리는 사람의 모양은 대부분 동그라미의 변형이다. 그래서 팔다리가 머리에 붙어 있거나, 몸에 얼굴을 바로 이어서 그리는 식이다. 하지만 7~8세가 되어서도 더 이상의 발전이 없이 똑같은 사람만 그린다면 정신지체가 있을 가능성이 있다.

손놀림은 이렇게 두뇌 발달과 밀접한 관계가 있다. 그러므로 아이의 섬세한 손놀림을 유도하여 두뇌가 더 발달하도록 해주면 좋을 것이다.

손놀림을 자극하는 데 좋은 것들은 레고, 나무 블록, 공, 크레용, 나무나 딱딱한 종이로 만든 퍼즐 맞추기, 간단한 리듬악기, 아이가 꿸 수 있는 나무 구슬이 있다. 또한 찰흙놀이, 가위질, 젓가락질, 운동화 끈 매기, 실뜨기, 종이접기, 악기 연주 등도 아이의 두뇌 발달에 도움이 된다.

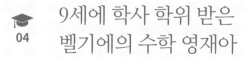

## 9세에 학사 학위 받은
## 벨기에의 수학 영재아

**04**

### ⦂ 인공 장기를 만드는 것이 앞으로의 꿈이라는 로랑 시몬스

벨기에의 로랑 시몬스는 4세 때 초등학교에 입학했는데, 불과 5년 만인 2019년에 전기공학으로 9세 때 학사 학위를 받았다. 세계 최연소 대학교 졸업자가 된 것이다. 너무도 놀랍고 믿기도 힘든 일이었기에 영국 BBC 방송의 〈뉴스데이〉에서 인터뷰를 했다. 로랑에게 공부를 어떻게 했느냐고 질문하자, 이 어린아이는 잘 모르겠다면서 제대로 설명을 못했다고 한다.

부모가 의사이기 때문에 바빠서 로랑은 조부모가 키웠다고 알려졌는데, 이미 조부모는 이 어린아이가 예사롭지 않다는 것을 감지했다고 한다. 부모가 조부모의 이 말을 예사로 생각한 것은 물론이다.

그런데 초등학교에 들어가자마자 학교 선생님이 또 비슷한 말을 전하더라는 것이다. 로랑이 일반 아이들과 아주 다르다는 말에 부모는 비로소 로랑의 영재성에 관심을 기울였다.

우선 전문가한테 의뢰해 테스트한 로랑의 아이큐는 145였다. 또한 실제 아이큐 이상으로 비상한 기억력을 가지고 있어 주위 사람들을 놀라게 했다. 로랑은 자신이 보거나 들은 것을 설명할 때면 사진을 찍었나 싶을 정도로 정확하게 기억했다. 즉, 포토그래픽 메모리 용량이 뛰어났던 것이다.

인공 장기를 만드는 것이 꿈이라는 로랑은 어떤 상황에 대한 분석력이 탁월했고, 수학과 과학을 유독 좋아했다. 하지만 이 어린 영재아는 언어에 흥미를 전혀 보이지 않았다고 한다. 전형적인 수학 영재 타입인 셈이다.

물론 로랑이 공부에만 푹 빠져서 공부만 좋아하는 스타일도 아니었다. 며칠씩 학교에 가기를 거부하기도 했다는 것이다. 3만 5,000명이 넘는 팔로워를 거느린 인스타그램의 주인공이기는 하지만, 평소 강아지와 놀거나 자신이 텔레비전에 출연한 것을 친구들한테 자랑하는 평범한 아이이기도 했다.

다만 로랑은 학습의 발전 속도가 유달리 빠르고 집중력이 상상을 초월할 정도로 뛰어나서 결국 자신이 원하고 좋아하는 공부에서 두각을 나타내고 있는 중이다. 물론 언어에 흥미를 보이지 않았다고 해서 다른 과목을 멀리한 것도 아니다. 다른 과목을 수학만큼 열정적으로 하지 않았을 뿐, 일주일 중 하루는 집에서 꼬박 8시간씩 책을 읽는 특별한 아이임에는 틀림없다.

로랑은 대학교에 다닐 때도 다른 학부생들과 다르게 개별 공간에서 1인 수업을 받았다고 한다. 자신만의 방식으로 편안하게 공부했다는데, 만일 내 아이한테 영재성의 기미가 보인다면 부모는 아이가 자신만의 별을 딸 수 있도록 즉 주변에 흔들리지 않도록 믿음과 응원을 보내야 한다.

### ⁝ 두 손을 모두 잘 사용하면 두뇌 발달에 좋다는 연구 결과가 발표

흔히 수학을 포기할 만큼 수학을 어려워하는 아이들이 있지만, 그 어렵다는 수학만 귀신처럼 잘하는 영재들이 더러 있다. 생후 14개월에 책을 암기하고, 18개월부터는 덧셈을 했다는 아이도 있다. 또한 영재아를 선정할 때 보면 수학이나 과학 쪽의 영재가 가장 많고, 수학이나 과학 분야에서 영재아들이 인정받을 기회가 많은 것도 사실이다.

그렇다면 만일 내 아이에게 수학 영재의 기미가 보인다면 부모는 무엇을 어떻게 해주어야만 하는가?

우선 아이의 영재성을 더 키우려면 손놀림을 발달시키는 놀이법이나 놀잇감에 어려서부터 신경을 써야 한다. 두 손을 모두 잘 사용하면 두뇌 발달에 좋다는 연구가 여러 번 발표되기도 했는데, 원활하고 섬세한 손놀림은 두뇌 발달에 결정적으로 영향을 미치기 때문이다.

사실 요즘 아이들은 예전 아이들보다 손을 많이 사용하지 않는다. 많은 것이 자동화되어 있기 때문에 간단하게 단추만 누르면 되는 사물이나 놀이가 많고, 특히 손가락을 정교하게 사용하는 일이나 놀이는 그만큼 줄었다. 그러나 뇌를 발달시키려면 손가락을 비롯한 손을 많이 사용해야 한다.

뇌에서 손을 관장하는 부분은 대뇌피질의 가장 넓은 면적을 차지하고 있다. 그뿐만 아니라 우리 몸 각 부위의 기능을 관장하는 운동 중추 면적의 30%가 손에 해당한다. 결국 대뇌피질의 크기가 운동의 정밀도와 복잡성에 따라 정해진다는 사실을 감안하면, 어릴 때부터의 손놀림 동작이 얼마나 복잡하고 정교한 정보 처리를 필요로 하는지 알 수 있다.

최근의 한 연구에 따르면 기억하기 힘든 단어를 상기하는 데도 손놀림이 도움을 준다. 손을 움직이지 못하도록 막대기를 꼭 잡고 있는 아이한테 단어를 찾는 퀴즈를 내보면 손을 자유롭게 쓸 수 있을 때보다 오답을 많이 내고 시간도 더디더라는 것이다. 또한 6개월 이상 피아노 레슨을 받은 아이들이 전혀 피아노 레슨을 받지 않은 아이들보다 그림 조각 맞추기 능력이 34%나 향상되었다는 연구 보고도 있다.

그만큼 손이나 손가락을 이용한 여러 가지 경험은 아이의 두뇌에 큰 자극을 준다는 의미이다. 수학을 잘하게 하려면 수학의 뇌에 대한 부모의 기본적인 이해가 가장 중요하다. 수학을 잘한다는 것이 단순한 사칙연산, 즉 셈의 계산이 빠르고 숫자를 외우는 정도가 아니기 때문이다.

### ❖ 단순한 연산과 복잡한 개념의 이해가 수준 높은 균형을 이루어야 한다

아이가 처음에 숫자를 익히고 제일 먼저 만나는 수학은 뇌의 전전두피질을 이용한 단순한 계산이다. 이때 아이는 작업기억을 이용해서 오로지 계산에만 집중하기 때문에 논리적으로 생각한다거나 창의적인 그 무엇이 개입할 수가 없다.

그래서 더러 단순하게 계산 능력만 키우면 개념을 적용할 수 없고, 특히 계산기로도 가능한 계산 능력은 중요하지 않다는 주장도 있다. 그러나 아이가 작업기억으로 애써 획득한 계산 능력은 기계적인 반복이라 계산기처럼 뇌에서 자동화할 수가 있다. 또한 뇌에서 계산의 자동화가 이루어지면 전전두피질의 활성화가 줄어들고, 단순한 계산은 그때부터 두정엽에서 이루어진다. 이런 과정은 왜 중요할까?

전전두피질은 한 가지 일밖에 못하는데, 두정엽에서 계산하게 되면 그때부터 전전두피질은 단순한 계산에서 벗어나 심도가 있는 문제 해결이나 사고와 분석 등의 일을 할 수 있게 되기 때문이다.

수학을 잘하려면 단순한 계산 능력은 기본이다. 그러나 이 능력만으로 수학을 잘할 수는 없다. 수학은 개념과 원리를 이해하고 문제를 풀면서 사고력과 분석력, 논리력을 같이 발휘해야 잘할 수 있다. 즉, 단순한 연산과 복잡한 개념의 이해가 수준 높은 균형을 이루어야 비로소 영재아의 수학머리가 탄생하는 것이다.

# 오래 자는 아이의 머리가 더 좋다

　아이들은 잠을 충분히 자야 하고 그래야 머리가 좋아진다. 눈의 망막이 어둠을 감지하면 멜라토닌이 분비되어 잠을 푹 자게 하면서 성장호르몬의 분비까지 촉진하여 해마를 활성화시키기 때문이다.

　특히 멜라토닌은 밤 10시~새벽 2시 사이에 많이 분비되므로 이때 충분히 자면 두뇌 발달에 더 좋다. 또한 해마는 아이가 깨어 있는 동안 보고 들은 것을 자는 동안 정리하여 지식으로 바꿔준다.

## 정상적으로 필요한 수면 시간

| | | | |
|---|---|---|---|
| 1주 | 밤잠 8시간 30분 | 낮잠 4회 8시간 | 총 16시간 30분 |
| 1개월 | 밤잠 8시간 30분 | 낮잠 3회 7시간 | 총 15시간 30분 |
| 3개월 | 밤잠 10시간 | 낮잠 3회 5시간 | 총 15시간 |
| 6개월 | 밤잠 11시간 | 낮잠 2회 3시간 15분 | 총 14시간 15분 |
| 9개월 | 밤잠 11시간 | 낮잠 2회 3시간 | 총 14시간 |
| 12개월 | 밤잠 11시간 | 낮잠 2회 2시간 45분 | 총 13시간 45분 |
| 18개월 | 밤잠 11시간 | 낮잠 1회 2시간 30분 | 총 13시간 30분 |
| 24개월 | 밤잠 11시간 | 낮잠 1회 2시간 | 총 13시간 |
| 36개월 | 밤잠 10시간 30분 | 낮잠 1회 1시간 30분 | 총 12시간 |
| 4세 | 밤잠 11시간 30분 | | |
| 5세 | 밤잠 11시간 | | |
| 6세 | 밤잠 10시간 45분 | | |

Chapter 7

# 예체능 영재아를 위한
# 영재교육

## 01 재능을 타고난 아이도 적기교육이 중요하다

**⦂ 미술놀이는 아이의 두뇌를 계발하고 정서적 안정감을 준다**

어릴 때부터 유난히 미술놀이를 좋아하는 아이가 있다. 특히 미술적인 감각을 가지고 태어난 영재아는 시각적으로나 공간적으로 느끼고 생각하고 표현하는 공간지능이 뛰어나다. 또한 아이디어를 머릿속에서 입체적, 시각적으로 이해하고 구성하며 또 실제로 표현하는 능력이 뛰어나다. 도형이나 그림, 지도 등의 시각적 자료를 잘 이해하고, 눈에 보이지 않는 공간을 머릿속으로 자유롭게 상상하는 능력도 탁월하다. 공간지능이 높으면 색, 선, 모양, 면 등의 관계를 잘 이해할 뿐 아니라, 이를 이용해 자신의 생각을 표현할 수 있다. 그리고 세세한 것까지 자세하게 관찰하며 그리기나 만들기를 좋아한다. 장소에 대한 이미지를 잘 기억해 낯선 곳에서도 길을 잘 찾는다.

사실 미술놀이는 아이의 두뇌를 계발하고 아이에게 정서적 안정감을 준다. 사고력이 향상되고 집중력이 강화되며 생각과 느낌을 자유롭게 표현하는 창의력도 길러진다.

그런데 아무리 관심을 유도해도 미술놀이를 거부하고 소리에만 집착하는 아이도 있다. 이런 아이는 음악 쪽에 끌리는 것이다. 또한 자동차나 비행기, 배 등 탈것에만 비상한 관심을 보이는 아이도 있고, 공만 차고 놀려고 하는 아이도 있다. 모두 다르게 태어났기에 선호하는 게 다를 수밖에 없고, 타고난 소질이나 적성에 맞는 교육을 하는 게 지극히 정상이다.

다만 아이의 두뇌 발달에 맞추어 적기교육이 잘 이루어진다면 아이의 뇌는 스펀지처럼 쏙쏙 잘 받아들일 수 있다. 하지만 아이의 뇌가 아직 준비되지 않은 경우에는 신중해야 한다. 이런 아이들에게 조기교육을 강제로 시키면 코르티솔이라는 스트레스 호르몬이 나와 신경전달물질과 뉴런을 교란하기 때문이다.


**: 무분별한 조기교육은 오히려 아이들의 교육과 장래를 망친다**

아이는 놀이를 하면서 상상력을 키우고 손재주도 늘어나고, 또한 육체적으로 건강해지고 인지 능력이나 감성적인 능력이 커지면서 창의력이 생긴다. 영재아든 아니든 취학 전의 아이는 적어도 하루에 2~3시간 놀이 시간을 가져야 한다. 이 무렵에 특정한 재능을 보이는 아이들도 마찬가지이다.

어떤 분야에서라도 특정한 재능을 보이는 아이는 다른 아이들보다 대뇌피질이 발달한 경우가 대부분이다. 그런데 많은 부모들은 재능에 특출한 아이를 그냥 두지 못하고 강제 교육에 집착한다. 설혹 아이한테 탁월한 재능이 보여도, 이 시기의 예술적 감수성을 키우기 위해 다양한 경험을 쌓게 하고 새로운 세상을 경험하게 하는 데 의의를 두어야 한다.

예체능 교육이야말로 빠르면 빠를수록 좋다는 인식이 강해서, 아이가 재능을 보이기만 하면 그쪽으로 몰아가는 섣부른 교육은 안 하는 것만 못할 수도 있다. 부모의 일방적인 판단으로 잘못 시작할 수도 있는 무분별한 조기교육은 오히려 아이들의 교육과 장래를 망칠 수도 있다는 사실을 기억하자. 그렇다면 예체능 계통의 재능이 뚜렷하게 보이는 아이를 어떻게 해야 할까?

무조건 일찍 시작하는 것이 좋은 것은 아니라는 사실을 깨닫는 게 우선이다. 무엇이든 때가 있는 법, 미처 준비가 되지 않고 막 재능이 싹트려는 아이에게 때 이른 교육은 부작용을 낳기 쉽다. 아이의 능력 범위를 넘어서는 일은 대부분 결과가 좋지 않다고 봐야 한다.

따라서 분야별로 적절한 시기를 택하는 것이 가장 중요하다. 굳이 예를 들자면 4~6세는 공간 인식과 운동 제어를 담당하는 소뇌가 발달하는 시기라서 악기를 연주하고 춤을 추고 그림을 그리는 예능 교육을 시켜도 무난하다. 다만 시기가 적합해도 아이가 배우는 데 거부감이 없이 재미있게 따라 할 수 있어야 한다. 정말 영재성이 있는 아이라면 그럴 때 아주 열성적이라는 인상을 받게 될 것이다.

### ⁝ 예능 교육은 아이의 소질과 능력을 잘 고려해서 시켜야 한다

예능 교육은 아이의 소질과 능력을 잘 고려해서 해야 함을 명심해야 한다. 특히 아이의 뛰어난 능력을 다른 능력보다 더 일찍 계발하려고 일부러 애쓸 필요는 없다. 물론 음악과 미술은 다른 영역보다 비교적 일찍 시작하는 것이 효과적이긴 하다. 세계적인 아티스트들이 거의 다 영재아로 출발한 것만 봐도 그렇다. 하지만 이른 교육은 아이가 그 분야에 소양이 보이거나 스스로 뛰어난 집중력을 보일 때만 가능하다.

예능 교육이 아이의 여러 분야에 걸쳐 자연적인 발달을 저해해서도 안 된다. 아이들은 모두 정해진 발달 단계를 거치면서 성숙한다. 즉, 반드시 거쳐야 할 발달 단계가 있고, 단계마다 이루어야 할 발달 과업이 있다. 그런데 만일 아이에게 과중한 예능 교육이 강요된다면 이런 다양한 발달 과업 성취에 장애가 올 수 있다.

예를 들자면 아이들의 발달 영역 중에 사회성 영역이 있는데, 사회성 영역 발달은 친구들과 어울리면서 자연스럽게 이루어진다. 그런데 이 시기에 영재교육을 위해 아이가 친구들과 어울리지 못하고 예능 교육에만 몰두한다면, 정말 그 시기에 익혀야 하는 더 필요하고 중요한 것을 잃는 결과를 가져올 수도 있다.

교육 시기도 중요하지만 교육 방법도 중요하다. 더불어 예체능 교육은 홈스쿨링을 피해야 하며, 그 방면의 전문가한테 제대로 배우는 게 매우 중요하다.

## 뇌박사의 영재 솔루션

### 개인전을 2번이나 연 미술 영재아의 좌절

미술 영재 H군은 20개월부터 붓을 잡고 그림을 그렸다. 자신만의 상상력으로 만 6세에 200여 점의 작품을 완성했고, 개인전을 2번이나 열었다는 H군은 주변에서 도무지 8세 아이답지 않다고 놀라고는 했다. 당시 H군은 그림을 이야기하면서 그림은 눈으로만 받아들여서는 안 되고 온몸과 마음을 열어야 충분히 담긴다는 철학(?)까지 피력할 정도였다.

어느 원로 화백은 H군을 보고 "사물을 보고 그걸 자기화하는 내면이 굉장히 깊다"라고 극찬했다고 한다. 하지만 주변의 극찬과 자신감에 빠져 있던 H군은 첫 번째 전시회 이후 주위 사람들의 평가에 마음의 상처를 받았다고 한다. 그 상처로 한동안 그림을 전혀 그리지 못한 적도 있다는 것이다.

"미술 전공도 하지 않은 애가 무슨 그림을 그리냐?", "누군가 옆에서 도와주었겠지" 같은 뒷담화를 듣고 상처를 받은 것이다. 그 후로도 H군은 2~3개월 동안 붓만 잡고 살았지만 결국 "그림을 못 그리겠어요"라고 부모한테 고백하는 지경에 이르렀다.

그때부터 H군은 사람을 피하기 시작했고 마음의 상처를 치유하는 데 많은 시간이 걸렸다. 타고난 재능을 자랑하며 잘 그렸던 그림도 다 때려치운 채 숨어 지내다시피 했다. 재능을 꽃피워 보지도 못한 H군은 상처만 안은 사춘기의 평범한 아이가 되어버린 것이다.

### 솔루션

H군은 정식으로 그림을 배우지 않았지만 타고난 영재성으로 그림을 그렸는데, 그 수준이 미술대학교를 나온 수준이어서 놀라웠다. 또한 부모가 아이의 재능을 키우기 위해 잘 보조하고 조언하면서 그림을 그리게 하고 전시회도 열어주면서 미술 영재로 잘 키운 케이스로 볼 수 있다. 그런데도 주변의 상황과 사람들의 말에 큰 상처를 받고 미술 영재아의 길을 가지 못한 것은 안타까운 일이다.

혹시 그림 그리기에만 너무 몰두한 나머지 다른 교육에는 관심이 없었고, 부모도 한 가지만 잘하면 된다는 마음으로 그림 그리기만 집중적으로 교육한 것은 아닌지 현재로서는 알 수 없다. 또한 H군이 정서적으로 너무 예민하거나 마음이 약하거나 회의가 많았을 수도 있는데, 원인이 무엇이건 시기를 놓친 후에는 아무런 방법이 없다.

# 예체능 분야에서는
# 1만 시간의 축적이 필수

**02**

**⋮ 성공한 영재아가 되기 위해서는 재능과 연습이 절대적으로 필요**

전설적인 세계 최고의 야구 선수로 회자되는 미국의 베이브 루스(Babe Ruth)는 30년 동안 선수 생활을 하면서 714개의 홈런을 쳤다. 1년에 평균 23~24개씩 쳤다는 소리이다. 그런데 중요한 것은 미국 메릴랜드의 촌뜨기였던 베이브 루스도 천부적인 재능에 피나는 연습을 더해 자신의 명성을 쌓았다는 점이다.

또한 천재라면 언제나 모두가 언급하는 토머스 에디슨(Thomas A. Edison)은 1,000종이 넘는 발명을 했는데, 모두 무수하게 많은 실패 끝에 얻은 결과물이었다. 그래서 주변 사람들은 발명품 하나를 만들려면 1만 가지 실패를 한다고 빈정거렸다. 하지만 에디슨은 실패가 아니고 효과가 없는 1만 가지 방법을 발견했을 뿐이라고 답했다고 한다.

이처럼 성공하는 영재아가 되기 위해서는 타고난 재능뿐만 아니라 축적된 연습 시간이 절대적으로 필요하다. 그러나 영재아 대부분은 연습 시간을 축적하는 게 불필요하다고 생각한다. 그만큼 자신이 뛰어나다는 생각에 빠진 영재아가 예술 분야에 특히 많다.

또한 이런 예술 영재아들은 아주 어린 나이부터 사회적으로 각광받거나 여러 사람의 관심과 사랑을 받으면서 일찍 꽃을 피우는 경우가 많다. 설익은 과일을 따먹는 것처럼 아주 빨리 자신의 재능을 소진하기도 한다. 또 연습이나 반복이 필요 없다고 생각할 정도로 자만심이 높아서 남보다 일찍 최고의 자리에 오르는 경험을 하지만, 그게 독이 될 수 있다는 사실을 잘 모른다.


**: 최정상급 전문가들은 1만 시간의 연습을 통해 탁월한 능력을 획득**

스웨덴의 심리학자이자 미국 플로리다 대학교 심리학과 교수인 안데르스 에릭슨(Anders Ericsson)의 연구를 보면 세계적으로 이름을 날린 영재 음악가들은 모두 20세가 되기 전까지 1만 시간 이상 개인 연습을 하는 것으로 추정된다. 발레, 체조, 피겨스케이팅 등 스포츠 영역도 마찬가지이다.

에릭슨 교수는 의학, 음악, 체스, 스포츠 같은 분야에서 최정상급 전문가들의 인지 구조를 분석하는 연구에서, 이들이 1만 시간이라는 길고도 힘들지만 고도로 집중된 연습을 통해 탁월한 능력을 획득했다는 결과를 내놓았다. 즉, 최정상급 전문가일수록 더 난도가 높은 테크닉을 집중적으로 익히는 훈련을 거쳐야만 발전하는 것으로 나타났다.

그래서 에릭슨 교수는 "사람들이 전문가가 되기 위해서 노력한 분야, 특히 오래도록 잘 이어진 긴 역사가 있는 어떤 분야에서 성공하려면 오랜 시간에 걸친 엄청난 양의 노력을 투자해야 한다. 꼭 1만 시간이 아니어도 아주 많은 시간이 걸리는 것만은 사실이다"라고 말하기도 했다. 이러한 그의 연구 결과는 '피나는 연습이 타고난 재능을 완벽하게 만든다'는 말이 뒷받침한다.

1만 시간은 하루에 3시간 일주일에 20시간씩 10년간 연습하는 것과 같다. 결국 어떤 분야라도 이보다 적은 시간을 연습해서 세계적인 수준의 전문가가 탄생하기 힘들다는 소리이다. 즉 뇌는 영재의 경지에 이르기까지 그 정도의 시간이 필요하다는 것이다.

피카소는 말년에도 하루에 8시간씩 꼬박 서서 그림을 그렸다고 알려져 있으며, 중국의 세계적인 피아니스트 랑랑도 영재아로 일찍 꽃을 피우고 최정상급이 되었지만 지금도 하루에 8시간 이상 연습할 만큼 연습벌레로 알려져 있다.

그러나 영재아 대부분은 기다리는 끈기가 부족하기 때문에 자신의 영재성을 발휘할 수 있는 1만 시간의 축적을 성취하는 일이 그리 쉽지는 않다. 재능을 타고난 분야라 하더라도 1만 시간의 축적은 영재에게 육체적으로나 정신적으로 많은 노력이 필요한 일이다.

정말 의식해서 노력해야만 할 수 있는 일인 데다 모든 영재가 다 끈기가 있고 인내심이 있는 것도 아니다. 따라서 성공한 영재가 되기 위해서는 스스로를 믿는 마음과 감정, 행동을 중요하게 생각하고, 이를 이해하고 수용하는 부모의 자세가 꼭 필요하다. 부모나 멘토가 특별한 배려와 지원을 해주면, 영재아는 주위에서 쏟아지는 질투나 부정적인 메시지를 이겨내며 자신의 분야에서 큰 성과를 낼 수 있게 될 것이다.

# 아기에게 운동은
## 03 전인적 발달의 첫걸음

### ⦂ 아기의 운동 발달은 뇌에 설계된 선천적인 과정의 일부이다

좋은 뇌는 운동, 음식, 수면 같은 생활 습관에 많은 영향을 받는데, 특히 운동은 뇌의 발달을 촉진하는 데 결정적인 역할을 한다. 그래서 운동을 많이 하면 공부를 못하는 게 아니라 오히려 학습 능력이 높아진다. 즉, 아무리 좋은 머리로 태어났다고 해도 게으르고 운동을 안 하는 아이는 학습 능력도 떨어지게 된다. 심지어 생활 습관만 바꿔도 머리가 좋아질 수 있다는 연구 결과도 있다.

과학 전문지 〈뉴사이언티스트〉에 생후 9~12주 사이의 아기들을 대상으로 한 연구가 소개되었다. 첫 번째 집단의 아기들에게는 부모들이 잡은 상태에서 하루에 10분씩 걷기반사를 시켰고, 두 번째 집단에서는 걷기반사 검사만 하고 아무것도 시키지 않았으며, 세 번째 집단에게는 아기를 눕혀놓고 부모들이 아기의 손과 발을 움직이게 했다.

걷기반사란 출생 초기 무기력한 아기들이 낯선 세상에서 살아남기 위해 가지고 태어나는 무의식적 행동 패턴인 반사 행동 중 하나이다. 태어난 지 얼마 되지 않은 신생아는 발이 딱딱한 표면에 닿으면 무의식적으로 앞으로 걸어 나가듯이 다리를 교대로 움직인다. 단순한 반사 행동이지만 아기가 나중에 의식적인 걷기를 할 때는 많은 영향을 미치게 된다.

이렇게 8주가 흐르자 하루에 10분씩 운동을 한 아기들은 걷기반사가 유지되고 강화된 반면, 훈련을 하지 않은 아기, 누운 상태에서 수동적인 운동을 한 아기들은 걷기반사가 서서히 사라졌다. 또한 혼자서 첫 걸음마를 하는 시기도 하루에 10분씩 운동한 아기들이 한 달 이상 빨랐다.

하지만 이런 운동 효과가 장기적인 것은 아니라는 사실에 주목해야 한다. 쌍둥이를 대상으로 한 연구에 따르면, 조기에 운동을 많이 시켰다고 해서 그 후로도 오랫동안 운동 능력이 향상되지는 않았다. 일란성 쌍둥이 중 한 명에게는 앉기, 서기, 구르기, 계단 오르기, 변기 사용하기, 세발자전거 타기와 같이 다양한 운동을 시키고, 다른 한 명에게는 별다른 운동을 시키지 않았다.

그런데 그 후로 많은 시간이 흐르자 꾸준히 운동한 아기와 운동하지 않은 아기의 운동 능력이 큰 차이를 보이지 않더라는 것이다. 이 결과는 아기의 운동 발달이 뇌가 이미 설계해놓은 프로그램에 따라 이루어지는 선천적인 과정의 일부라는 사실을 시사한다.


**⦂ 보행기는 아기의 대근육운동 발달을 지연시킨다는 연구 결과 발표**

하지만 그럼에도 불구하고 대근육운동 발달은 인지 발달에 영향을 준다. 미국 UC 버클리 대학교 조셉 캄포스(Joseph J. Campos) 교수팀의 연구 결과를 보자.

100명이 넘는 아기들을 기지 못하는 아기, 기는 아기, 기지는 못하지만 보행기를 타고 돌아다닐 수 있는 아기로 나누었다. 그리고 세 그룹의 아기들에게 손수건 밑에 숨겨둔 열쇠와 장난감 등을 찾게 했다. 그랬더니 전혀 기지 못하는 아기들보다 기거나 기지는 못해도 보행기를 타는 아기들이 숨겨놓은 물건을 더 쉽게 찾더라는 것이다. 이유가 무엇일까?

숨겨놓은 물건을 찾은 아기들은 공간을 인식하는 인지적 능력이 있다. 그러나 기지 못하는 아기들은 인지력이 없어서 숨겨둔 물건을 찾지 못했다. 즉, 운동 능력의 발달은 뇌의 인지력 발달과 밀접한 관련이 있음을 말해주는 결과이다.

또 다른 실험에서도 기지 못하는 아기는 공간 지각 능력이 발달하지 못해서 움직이는 물체에 대해 몸을 움직여 반응하지 않더라는 결과를 발표하기도 했다.

한편 보행기는 아기의 대근육운동 발달을 지연시킨다는 연구 결과도 있다. 빨리 걷게 하기 위한 기구인데도 정반대의 결과가 생긴 것이다.

보행기를 사용한 아기 102명과 사용하지 않은 아기 88명을 대상으로 한 연구에 따르면, 보행기를 사용한 아기가 보행기를 사용하지 않은 아기보다 기고 서고 걷는 것이 모두 늦었다. 또한 보행기를 사용하는 시간이 24시간 늘어날 때마다 아기가 혼자 첫 걸음마를 떼는 데 걸리는 시간은 3.3일, 혼자 서는 데 걸리는 시간은 3.7일 지연된다는 보고도 있다.

아기에게 운동은 단순하게 신체 발달을 위해서만 필요하다고 보면 오산이다. 아이의 성장을 주관하는 다양한 신경회로가 몸에 들어온 정보를 처리하는 과정에서 균형감각, 운동신경 등이 발달하기 때문이다. 또한 이 과정에서 뇌의 신경회로도 인지 발달과 정서 발달에 영향을 끼친다. 결국 운동이야말로 아기에게는 전인적인 발달의 첫걸음이라고 할 수 있다.

아이의 성장은 그 과정이 사선으로 지속적으로 이어지지 않고 갑자기 상승하는 계단식으로 변화한다. 즉, 사선으로 이어지며 한참 동안 변화가 없다가 한계 상황에서 도파민의 폭주로 계단처럼 갑자기 쑥 상승하는 것이다.

즉, 아기의 성장 과정에도 티핑포인트가 있는 것이다. 이런 의미에서 운동은 갈 데까지 가는 도파민의 폭주를 경험하기에 안성맞춤이라고 할 수 있다. 그러니 아이의 운동을 적극적으로 지지하고 도와주어야 한다.

---

### 보행기를 태울 때의 지침

- 보행기에 처음 태우는 시기는 6개월 이후가 좋다. 적어도 아기가 스스로 목과 허리를 가누며 몸을 조절할 수 있어야 한다.
- 빨리 서게 하려고 5개월 이전에 강제로 태우는 것은 좋지 않다.
- 1시간 이하로 잠깐 태우는 게 좋다. 아무리 오래 태워도 4시간을 넘으면 좋지 않다.
- 아기를 보행기에 태우더라도 항상 친밀한 눈길을 주고 아기의 표현에 반응도 해주고 아기를 안심시켜야 한다.
- 보행기의 높이를 아기의 키에 잘 맞춰야 한다.
- 부주의한 사고에 대비해서 미끄럼 방지, 고정 장치 등이 있는지, 세탁이 용이한지 등을 체크하고 울타리 등으로 보호 조치를 하면 더 좋다.

## 04 아기의 뇌 발달에는 어떤 운동이 좋은가?

**⋮ 과격한 운동은 아이의 뇌 발달에 좋지 않은 영향을 준다**

아이가 어떤 운동을 해야 뇌의 발달에 더 좋을까? 이왕이면 아이에게 더 효과적인 운동을 시키고 싶은 것이 부모의 마음일 것이다.

우선 유산소 운동이 무산소 운동보다 효과적이며, 걷기, 계단 오르기, 자전거 타기 등을 통해서 신체 활동을 많이 하는 게 좋다. 이런 아이일수록 기억력이 좋고, 기억력과 관계되는 대뇌피질이 두껍다.

뉴질랜드 정부는 아이의 뇌가 정상적으로 발달할 수 있도록 하루에 최소한 1시간씩 아이에게 운동을 시키라는 지침을 내리기도 했다. 이 지침은 5~18세 아이의 심신을 건강하게 유지하려면 간단한 운동이든 과격한 운동이든 최소한 하루에 1시간씩 운동을 하는 게 필수적이라고 권고한다. 간단한 운동과 과격한 운동을 가리지 않고 어떤 운동이라도 한다면 모두 효과가 있다. 간단한 운동은 빠른 속도로 걷는 정도를 말하고, 과격한 운동은 숨을 헐떡이게 만드는 정도의 운동을 말한다.

한편 운동을 무조건 많이 한다고 다 좋은 것만은 아니다. 이런 논리라면 모든 운동선수들이 가장 많은 양의 운동을 하니까 뇌가 최고로 좋아진다는 식의 결과가 나오지 않겠는가?

운동을 너무 많이 하면 피로가 쌓이고 스트레스로 이어져서 오히려 뇌 발달에 해로울 수도 있다. 또 운동을 과하게 하면 흔히 뇌에서 나오는 엔도르핀 쾌감 때문에 체력을 넘어서는 경우가 있는데, 아이는 이런 경우를 절대 피해야 한다. 뇌 발달에 좋지 않은 영향을 주기 때문이다.

성장기에 있는 초등학교 고학년 아이들은 팔 굽혀 펴기, 윗몸 일으키기, 철봉 등 근력 운동을 규칙적으로 하는 것이 자세를 바르게 하는 데 도움을 준다. 단, 너무 무거운 중량을 이용한 근력 운동은 피해야 한다.

심폐지구력을 높이는 운동으로는 달리기, 줄넘기, 수영 등이 좋고, 유연성을 기르기 위해서는 스트레칭을 틈틈이 하고 축구, 농구 등 구기 종목을 하는 것이 도움이 된다. 여럿이 함께 공을 움직이는 축구, 농구, 야구, 배구와 같은 운동을 통해 아이는 공의 갖가지 궤도, 속도, 힘 등의 측정과 함께 공간 정보를 순간적으로 감지하는 공간 판단력은 물론 다른 친구들과 함께 놀며 사회성도 기를 수 있다.


### ⁞ 부모가 함께하는, 뇌 발달에 효과적인 아이의 운동법

첫째, 좋아하는 운동부터 하라.

아이가 어떤 운동을 좋아하는지 파악하고 흥미를 붙일 수 있도록 도와야 한다. 신체놀이의 핵심은 아이가 운동을 재미있고 즐거운 놀이로 참여하게 하는 데 있다. 신체놀이를 하면서 아이의 상상력을 길러줄 수 있는 방법을 동원하면 더 좋다. 온몸으로 나무나 새, 자동차와 비행기 등 동물이나 탈것을 표현해보는 것도 좋다. 공이나 리본, 훌라후프 같은 도구를 이용하는 것도 두뇌 발달에 좋다.

둘째, 정기적으로 하라.

운동은 적어도 주 3, 4회 정도는 해야 효과를 볼 수 있다. 한 번에 30분 이상 해야 효과적이다. 하지만 하루에 2시간 이상 무리하게 시키는 것은 오히려 좋지 않다.

셋째, 같이 운동하라.

혼자서 운동하게 되면 재미가 없어서 금방 포기하기 쉽다. 따라서 친구든 부모든 같이 운동하면 효과적이다. 더구나 운동을 통한 신체

접촉은 시상하부에서 옥시토신을 분비하게 하여 유대감을 증진한다.

넷째, 지속적으로 하라.

어떤 운동이라도 꾸준히 하는 게 좋다. 운동을 하면 뉴런을 연결하는 시냅스뿐만 아니라 뉴런의 수도 늘어나는 데 도움이 된다. 어려운 동작을 반복하면 대뇌피질이 두꺼워지고, 반대로 중단하면 얼마 후 그 부분이 다시 얇아진다. 고난도의 동작과 창의적인 사고도 학습과 경험을 통해서 발달하는데 중단하면 퇴화해버린다. 뇌의 가소성 때문이다. 그러므로 아이의 뇌 발달을 위해서는 운동을 꾸준히 하는 것이 핵심이다.

## 예체능 영재아의
**05** 탁월한 우뇌 직관력

**: 우뇌는 미술이나 음악, 스포츠 등 감각적이고 직관적인 분야를 담당**

영재아의 직관력은 뉴런 간의 연결이 활성화될 때 의식에서 감지조차 되지 않을 만큼 초고속 경로를 밟기 때문에 나타나는 현상이다. 즉, 정보를 가득 실은 신경망의 활성화로 전광석화와 같은 직관이 솟구치는 것이다. 어떤 사물이나 일에 대해 논리적인 생각이나 판단을 하지 않고도 한마디로 딱 보면 안다는 게 직관력이다.

흔히 우뇌를 이미지 뇌라고 하는데, 우뇌는 미술이나 음악, 스포츠 등 감각적이고 직관적인 분야를 담당한다. 음악성, 복잡한 도형 인식, 부분과 전체의 관계 인식, 공간 지각, 감정 지각과 표현 등이 모두 우뇌의 기능에 속한다.

의사소통을 하더라도 그 속에서 우뇌는 표정이나 시선, 억양, 자세, 몸짓과 같은 신호를 주고받는다. 또한 집중력, 구성력, 통찰력, 지각 속도, 창의력, 직관력 등의 여러 가지 통합적 사고를 담당한다.

특히 유아기는 창의력과 정서 발달에 중요하게 작용하는 우뇌가 많이 발달하는 시기이다. 그림책을 보아도 만 6세 전 아이는 이미지의 뇌인 우뇌를 중심으로 모든 학습을 하도록 되어 있기 때문에 글자보다는 그림을 좋아한다. 그리고 규칙이나 논리로 배우기보다는 이미지나 패턴을 통해 받아들이는 것을 좋아한다.

아이는 그림책에 나오는 주인공의 표정, 행동, 배경의 모습 등을 보고 지금 주인공이 어떤 일을 하려고 하는지를 전체적으로 파악하게 된다. 그리고 우뇌는 전체적인 상황을 넓게 파악하고 핵심적인 의미를 직관하는 기능도 있다.

## ⦂ 공간 지각 영역이나 시각적인 통찰력이 남다른 영재아가 있다

우뇌의 기능이 지나치게 떨어지면, 또래 사이의 분위기를 제대로 파악하지 못해 왕따가 되는 일도 발생할 수 있다. 우뇌는 스킨십, 부모와의 상호작용, 놀이, 체험, 경험, 상상 등에 의해서 발달한다. 특히 부모와의 신체놀이 등에서 가장 많이 활성화되는 부위임을 잊지 말자.

엘리베이터 박사인 K군은 어떤 엘리베이터라도 한 번만 타보면 나중에 완벽하게 재현해서 설명할 수 있다. 하루 일과 중 가장 큰 비중을 차지하는 것은 엘리베이터를 타러 다니는 일이다. 각기 다른 엘리베이터에 대한 지식을 줄줄이 꿰고, 각국의 엘리베이터 회사부터 엘리베이터를 최초로 개발한 사람, 한국 최초의 엘리베이터 등등 모르는 게 없다. 엘리베이터 박사라고 해도 과언이 아닌 K군은 집에 돌아간 후에는 낮에 자신이 보았던 엘리베이터를 그대로 그린다. 심지어 방의 벽도 엘리베이터 버튼으로 꾸며놓았을 정도이다. 집에서 엘리베이터를 그릴 때도 밑그림 없이 한 번에 사진처럼 정교하고 정확하게 그려낸다. 그만큼 관찰력과 공간 지각 능력이 뛰어나다.

아이큐 검사 결과 K군의 동작성 아이큐는 최우수 수준을 보였지만, 언어성 아이큐는 평균 수준이었다. 이렇게 언어성 아이큐는 평범한데 동작성 공간 지각 영역만 유난히 뛰어난 영재아가 있다. 말이 늦었던 천재 물리학자 아인슈타인이 대표적이다.

주변에서 보면 공간 지각 영역이나 시각적인 통찰력이 남다른 영재아가 있다. 이런 영재아의 눈에는 사물의 입체감이 일반 아이들보다 더 뚜렷하고 선명도 또한 더 도드라지게 보인다. 심지어 수많은 디테일을 놀랍도록 정확하게 보고 기억하며, 어떤 장면을 구성하는 여러 가지 요소도 낱낱이 식별할 줄 안다.

그뿐만 아니라 영재아는 일반 아이들이 그런 요소가 있는지조차 감지하지 못하는 것도 다 보고, 어떤 인물의 생김새나 옷차림의 디테일을 구석구석 보고 모두 통합해서 그 인물을 상세하게 분석하기도 한다. 위에서 예로 든 K군도 빛 때문에 눈이 부시거나 어둠 속이라고 해도 시각적인 통찰력이 뛰어나서 다 보고 기억한다, 지극히 미미하고 눈에 띄지 않고 부차적인 요소들까지 남달리 포착하고 지각하며 분석할 수 있는 것이다.

그렇다면 영재아는 물론 보통 아기들은 시각이 어떻게 발달하는 것인지, 또 그 시각이 각각 다르게 발달하는지가 궁금할 것이다.

갓 태어난 아기의 눈은 시력 0.05 미만, 초점거리 25cm 이내로 제한되어 있다. 하지만 아기는 시선 안에 있는 물체에 초점을 맞추기 위해 열심히 노력한다. 이 시기에 주의력의 기초가 되는 시각적 패턴 인식의 기반이 형성된다. 다만 아기의 시력은 구체적이고 상세한 것까지 구별할 수는 없다.

만일 아기의 시각적인 자극을 위해서 그림책을 보여주고 싶다면 3개월 이전의 아기에게는 흑백 초점책이나 윤곽이 뚜렷한 원색 사물 그림책, 6개월에는 중간색을 볼 수 있으므로 파스텔조의 사물 그림책, 12개월이 지나면 세밀화 사물 그림책을 보여주어야 한다.

또한 아기의 시각적인 발달을 위해 교육하더라도 자연의 빛깔을 제대로 볼 수 있는 12개월 이후에 해야 한다. 그래야 시각 훈련을 통한 두뇌 발달이 이루어진다.

## 코너스(Conners)의 간편 진단 설문지를 이용한 진단법

다음에 나오는 열 가지 행동을 아이가 얼마나 보이는지 표시한 후 점수를 매겨보세요.

전혀 없음: 0    약간 있음: 1    상당히 있음: 2    매우 심함: 3

① 차분하지 않고 늘 지나치게 활동적이다.

② 쉽게 흥분하고 충동적이며 가만히 있지를 못한다.

③ 다른 아이들에게 방해가 된다는 말을 듣는다.

④ 한번 시작한 일을 제대로 끝내지 못하고, 집중하는 시간이 짧다.

⑤ 늘 안절부절못한다.

⑥ 주의력이 없고 아주 쉽게 주의가 분산된다.

⑦ 요구하는 것을 금방 들어주어야 한다.

⑧ 자주 혹은 너무 쉽게 울어버린다.

⑨ 금방 기분이 확 변한다.

⑩ 화를 터뜨리거나 감정이 격하기 쉽고, 행동을 예측하기 어렵다.

열 개 문항에 부여한 점수를 모두 합해서 16점이 넘으면 ADHD일 가능성이 있다. 단, 이 질문지를 통한 자가 진단은 확정할 수 있는 진단이 아니고 참고용임을 밝혀둔다.

뇌박사가 가르치는
# 엄마의 영재육아

초판 1쇄 인쇄 | 2020년 5월 20일
초판 1쇄 발행 | 2020년 5월 22일

지은이 | 김영훈
펴낸이 | 황보태수
기획 | 박금희
교열 | 양은희
영업 | 유인철
디자인 | 주수현
인쇄 · 제본 | 한영문화사

펴낸곳 | 이다미디어
주소 | 경기도 고양시 일산동구 정발산로24 웨스턴돔1 T1 906-2
전화 | 02-3142-9612
팩스 | 0505-115-1890

이메일 | idamedia77@hanmail.net
블로그 | https://blog.naver.com/idamediaaa
페이스북 | http://www.facebook.com/idamedia
인스타그램 | http://www.instagram.com/ida_media
네이버 포스트 | http://post.naver.com/idamediaaa

ISBN  979-11-6394-030-2  13370